LE

CAYER DES DESPENSES

DE LA

COUR DE BEARN

— 1520-1623 —

(Extraits des Manuscrits des Archives des Basses-Pyrénées)

Par Louis LOCHARD

PAU
Léon RIBAUT, Libraire-Éditeur
—
1886

LE CAYER DES DESPENSES DE LA COUR DE BÉARN

— 1520-1623 —

(Extraits des Manuscrits des Archives des Basses-Pyrénées)

Par Louis LOCHARD

ANCIEN SERGENT-MAJOR AU 18e D'INFANTERIE DE LIGNE

PAU

Léon RIBAUT, Libraire-Éditeur

1886

LE CAYER DES DESPENSES

DE LA COUR DE BÉARN

La Chambre des Comptes de Pau fut établie en même temps que le Conseil Souverain de Béarn en 1520 (1). — « Elle se composait d'un président, six conseillers auditeurs et un procureur général. Son ressort comprit d'abord toutes les provinces appartenant au roi de Navarre, c'est-à-dire le royaume de Basse-Navarre, le Béarn, le Bigorre, le Nébouzan, le pays de Foix, le Marsan, le Tursan, le Gavardan, l'Albret, le Périgord, le Limousin, l'Armagnac, le Fezenzaguet, le Rouergue, Lautrec et Villemur. »

« En 1527, le roi de Navarre, Henri II, détacha de la Chambre des Comptes de Pau, l'Albret, l'Armagnac, le Périgord, le Limousin, le Rouergue, le Fezenzaguet, le pays de Foix, Lautrec et Villemur, le Nébouzan, dont il forma le ressort de la Chambre des Comptes de Nérac. Cette dernière fut encore augmentée après le

(1) Inventaire sommaire des Archives départementales des Basses-Pyrénées antérieures à 1790 par M. Paul Raymond, archiviste. Série B. Nos 1 à 4537. Paris, 1865.

mariage d'Antoine de Bourbon avec Jeanne d'Albret, du Vendômois et des seigneuries propres à ce prince. »

« La Chambre des Comptes de Nérac, composée d'un président, de cinq conseillers-auditeurs et d'un procureur général, fut réunie en 1624 à celle de Pau, dont le ressort fut à peu près réduit aux provinces de Béarn, Bigorre, Armagnac, Marsan, Tursan, Gavardan, Fezenzaguet et Foix. »

« La Chambre des Comptes dressait annuellement pour le trésorier de chaque province un état des recettes et des dépenses à faire, vérifiait les comptes du trésorier général de la Navarre et ceux des trésoriers particuliers de son ressort. »

—

B. 1467, cahier. — Archives des Basses-Pyrénées. — Payé par Nicolas de l'Eglise, trésorier du domaine d'Albret, à Martinet Gabriel Chon et à Jehannot de Péas. la somme de 27 livres 20 sols 4 deniers tournois tant pour la vérification de l'inventaire des meubles du château de Nérac que pour faire « *une caige à mettre la lionne* », mandement du Roy du..... aoust mil cinq cent cinquante-cinq.

—

B. 7. — Payé par Jean de Montgaurin, trésorier, année 1557, à Adrien Monturoi de la Ferre, la somme de 22 livres pour achat de *dix* cigognes pour Antoine, roi de Navarre.

A un apothicaire 18 sols tournois pour lui avoir fourni une torche afin de suivre la procession de la Fête-Dieu.

A l'argentier, payé 4 livres pour remboursement de pareille somme que le roi de Navarre devait pour perte au *jeu de quilles* jouant avec le cardinal de Bourbon et le prince de Laroche-sur-Yon.

—

B. 11. — A Gassiot, parfumeur, 50 écus pour gants parfumés fournis à Antoine, roi de Navarre, mandement du dixième du mois de février 1563.

Plus à Marguerite Chaloppin, femme de chambre de la reine, 551 livres, 6 sols, pour don que la Reine lui a fait en considérations de ses services et pour plusieurs autres raisons.

Plus 25 livres pour nourriture des *vers à soie* de la reine au château de Nérac. — A Jean Faure, tailleur et valet de chambre de la reine de Navarre, 27 livres pour ses *gages de l'année* et pour façon d'habillements qu'il aurait fait pour Sa Majesté. — A de Beauvoir, gouverneur d'Henri(IV), 219 livres. — A Arnaudine de Larreu, nourrice de Henri (IV), la somme de cent livres pour *don* qui lui aurait été fait par la reine Jeanne de Navarre (1). — A Jean Le Pelletier, secrétaire de la reine, 100 livres « *qu'elle donnait gratuitement pour les pauvres et autres de semblable nature et qu'elle se condamnait à*

(1) Les historiens de Béarn ont tous été d'accord de donner pour nourrice à Henri IV la femme de Jean Lassensàa, de Billère, village très près de Pau ; il résulte cependant des dépenses soumises à la vérification de la Cour des Comptes de Pau que notre Henri eût plusieurs nourrices et qu'en 1553 il était confié à une jeune femme de 20 ans environ, la n^{ée} Arnaudine de Lareu, d'Asson. — En 1613, alors qu'elle avait environ 80 ans, elle produisait un certificat de vie pour toucher une pension qui lui avait été accordée : « Nous jurats d'Asson, jus singnats, attestam et sertyficam, ont et per dabant qu'y apertiendra, que Arnaudyne de Laren, deu present locq, es en bite ;

payer pour amendes, lorsqu'elle aurait oublié de prier Dieu, avant de connaître à toutes autres affaires en son conseil. » (Par mandement du vingtième de février 1563.)

A Charles Fevre, peintre d'Antoine de Bourbon, roi de Navarre, pour *soins donnés à ses tableaux* la somme de 67 livres.

A Marie Bernard, 60 livres pour *don* de la reine de Navarre en sa qualité de *nourrice du Comte de Marle*, frère aîné d'Henri (IV).

A la D[e] de Vaulx, de la maison de la reine, 600 livres tournois tant pour son remboursement de semblable somme que pour un voyage qu'elle a dû faire de Pau à Paris pour la Reine et aussi pour un habillement que la dite dame (la Reine) a fait présent à sa fille en faveur du mariage avec le sieur de Gardrits. (Mandement du vingtième du mois de juillet 1563.)

—

B. 2727. — Plaise à la Reyne de Navarre de faire payer Jean Auchiez et Françoys Le Pelletier, marchands fournisseurs l'argentiers du Roy, de la somme de 860 livres, 10 pistoles à eulx dus pour le Roy de Navarre en l'année 1561.

La Reyne de Navarre, en son Conseil,

la quoalle a costumat de prendré los guadges com abon estade neurisse, per sy daban, deu deffunt rey Henric, et d'autant que a present io sargan Sardaa, son rer filh a besoung de la présente attestation per retyrar la partide deu dits guadges escaduts per son pagement... Asson. lo vingt et cinq de septemer mil VI[c] et doutze. PINA, jurat...

En 1559, il fut payé à Madeleine Lafargue, une des nourrices d'Henri IV (Henri III de Navarre) 35 livres pour ses gages — Et en 1611 à Pierre Sarrabaig, fils de Marguerite de Lafargue, sa pension comme fils de la nourrice d'Henri IV. (B. 8 et 318.)

renvoye la présente requeste des parties y mentionnées au sieur de Roque de Marbault, Me d'hostel et contrôleur de la Maison de la dite Dame, pour l'arrester.

Fait en Conseil, le IIIIe jour de février 1566.

« Le Royer. »

Parties par le Roy de Navarre deues à Jean Auchez et Françoys Le Pelletier, marchands fournisseurs l'argentiers du Roy.

Premièrement. Doit du XIIIe décembre 1561 à Paris livrées, par ordonnance de Mr le Contrôleur, au *chaussetier* du dit seigneur *2 aunes de thoille d'argent* pour bouillonner chausses, à 12 escus l'aune.

Le XXIe avril 1562, *12 aunes thoille d'argent, trant fin damassé d'or et d'argent pour luy faire une robbe de nuict*, 350 livres;

Deux aulnes de la dite *thoille d'argent* pour luy bouillonner chausses au dit prix, 50 livres;

Douze aulnes thoille d'or, trant fin damassée sur soye rouge cramoisye pour luy faire aultre *robbe* audit prix, 300 livres, 50 sols;

Cinq aulnes *taffetas, cramoisye velours et* rayé de blanc, à 3 escus l'aune;

Suyvant le renvoye faict à nous et arresté par mission de la Reyne de Navarre, avons arresté les présentes et taxé à la somme de 7 escus, 7 livres tournois. Faict le XXe jour de fébvrier 1566. Secondat.

Marbaut.

—

B. 148. — Fait dépense de la somme de 150 écus que Henri II, roi de Navarre, *fait don à la Ville de Pau* pour *construire le pont du gave de Pau*, en l'année 1572.

A un personnage dont le roy *ne veut son nom être autrement expliqué*, 60 écus sol des quels Sa Majesté *lui a fait don, sans quittance.*

A Madame la princesse Catherine de Navarre la somme de 200 livres tournois que le roy lui a fait *don pour ses menus plaisirs durant* le mois de septembre.

Au Roy *pour ses menus plaisirs du vingt-sixième d'août* jusqu'au *dixième* de septembre la somme de 6,484 livres 4 sols.

A Jeanne de Harismendy, marchande à St-Jean-de-Luz, 600 écus sol que la reine Jeanne d'Albret lui *a fait don pour certaines considérations.* Mandement du sixième de novembre 1571.

A Pierre Haultain, libraire à La Rochelle, pour l'*impression de quelques livres en langue basque* que la reine Jeanne d'Albret lui aurait fait commande, par mandement du quatrième d'avril 1572. (1)

A sieur Bernard de Forgues, marchand, habitant à Pau, 1,200 livres tournois faisant parfait paiement de la somme de 2,400 livres tournois dus par Jeanne d'Albret reine de Navarre, (mandement du 19 avril 1571.)

(1) Le premier livre Basque imprimé est daté de 1545. Ce sont les poésies religieuses de Bernard d'Etchepare, curé de St-Michel le Vieux.

En 1571 Jeanne d'Albret fit imprimer à La Rochelle le nouveau testament de Jean de Lissarague, de Briscous, ministre de la parole de Dieu à Labastide Clairence, près Bayonne.

M. Léonce Couture nous dit page 519 : Les Sources de l'Histoire de Gascogne. « *Le Missel de Lescar* sortit des presses de Pampelune en 1496 . et les Beviaires gothiques de Bazas et de Lescar peuvent être du même temps. Le breviaire d'Auch ne parait qu'au siècle suivant. »

Dans nos recherches faites aux archives de Pau nous trouvons un testament à la date du 1er d'octobre 1518 duquel il résulterait qu'un curé de Nay possédait un

Fait dépense de 8,713 livres, 8 sols tournois par Jeanne d'Albret pour son service à Navarrenx *durant le siège de cette ville en l'année* 1569.

Aux gardes de la ville d'Oloron 1,109 livres 6 sols, 8 deniers pour remboursement et intérêts de sommes prêtées à Jeanne d'Albret par les habitants d'Oloron en l'année 1572.

A Jean de Montgaurin pour remboursement de 40 livres tournois pour *achat d'une douzaine de jambons de basque* envoyés à Henri III, roi de Navarre, par mandement du vingtième de juin 1573.

A Marguerite, reine de Navarre, pour sa pension 6,400 livres tournois ; à Catherine, princesse de Navarre, 2,700 livres tournois ; à Cabreri, peintre pour *le portrait de la ville, château et jardins de Pau* envoyé à Henri III, de Navarre, la somme de vingt-cinq livres ;

—

E. 2000. — Le baron d'Arros, lieutenant général de la reine Jeanne d'Albret, certifie

Missel imprimé du diocèse de Lescar, nous donnons ci-après un extrait de ce document. (E. 1720)

In nomine Dei. Amen.

Notum que Moss. de Bonnecaze, curé, habitant à Nay, a déposé à la notairie un plt de papier contenant les dernières volontés écrites par Moss. Johan du Piper, curé de la ville de Nay, premièrement, il recommande son âme à Dieu, le père, à Moss. Saint Vincent et autres saints et saintes du paradis. Il veut que les honneurs soient faits « honnestement » et qu'on celèbre une messe chantée.......... il déclare posséder un missel imprimé du diocèse de Lescar (ung missau de molle de l'ordre de Lescar). Item dit avoir un calice pesant onze onces.

Daté de Nay le 1er jour d'octobre mil cinq cent dix huit.

Ramonet de Poey notaire à Nay.

avoir reçu des mains de Johan de Lostau et Johan de Parage, les deux marchands de la ville d'Oloron ; de Parage la somme de 2000 livres 1/2 et de Lostau celle de 1350 les quelles ont été prêtées pour être employées à la défense du pays de Béarn.

Le baron d'Arros s'engage à rembourser dans le délai d'un an.

Fait à Pau, *sur le pont du château* au sortir de la prêche, le 13 Mars 1568. Témoins Michel de Lamothe, vice-chancelier de Navarre, Jean d'Etchart, de la chambre criminelle et Menaud de Lexia, notaire.

—

E. 2001. — Convention entre Germain Dubuc, menuisier de la reine de Navarre, et François de Langlère, pour la reconstruction du jeu de paume du château de Pau qui avait été démoli *pendant les troubles*, il devait être rétabli dans la même forme qu'auparavant et Langlère, de Jurançon, devait faire la maçonnerie le plus promptement possible.

Fait à Pau, le 21 du mois de mai 1571 ; témoins Menard de Saint-Martin, de Morlàas, Joannot de Bacole d'Asson.

—

B. 152. — Au sieur de Montgaurin, trésorier-général des finances de Béarn et de Navarre, la somme de 1206 livres, 4 sols, 6 deniers pour avoir fait dresser et sabler une *allée et y avoir fait planter des ormes* par les deux d'icelle au *château de Castel-Beziat*, ainsi qu'il appert par acquit signé et arrêté par Pierre Chantelle, contrôleur, commis par Mame la princesse Catherine, régente. Année 1577.

Au même la somme de 1,113 livres 20 sols, 1 denier tournois pour *réparation du Castel-Beziat* et pour avoir fait faire une allée de fleurs contre le petit-parc du dit Castet, acquit du sieur Chantelle.

Au même 1206 livres, 4 sols, 6 deniers tournois pour « *réparations au château de Pau, pont du jardin et loge qui a été faite dans le dit jardin en l'année 1577*, ainsi qu'il appert par deux rôles *du sieur Roques*, contrôleur général des dites réparations. »

—

B. 150. — Fait dépense de la somme de 2,313 livres, 20 sols et 3 deniers pour des réparations au château de Pau durant l'année 1575, y compris le *pavage de la basse-cour* à neuf et 92 livres, 10 sols tournois pour les réparations des tonnelles du petit jardin de Pau ; compte arrêté par Jean Chantelle, contrôleur et gardien du petit-parc.

—

B. 2537. — Ordonnance signée Henry, roi de Navarre, à Mazères (Foix), en date du 21e jour de janvier 1580, ordonnant le payement de *189 livres* à Maurice Bernard Ferry, Ingénieur, *pour le temps qu'il avait vaquez en nostre dict pays de Béarn pour faire le* plan de nostre château et ville de Pau et façon d'un horloge.

Remis à Henri IV 25 doubles pistoles pour jouer à la paume.

—

B. 2193. — Frais d'éducation du fils de La Bourgonnière au collège de Lescar, datée de Pau le 26e jour de novembre 1572.

A la Royne,

Madame, le fils du sieur de La Bourgonnière, ministre de la *parolle* de Dieu, vous démonstre très-humblement, qu'ayant eu esgard et considération aux grandes affliction que son dict père a souffert durant les troubles passés, estant comme vostre Majesté a esté très bien advertie desnué des moyens de pouvoir subvenir à ses nécessités, mesmes à l'entretenement de ses enfants dont il a grande charge, il a pleu à Vostre Majesté d'entretenir le suppliant au *Collège de Lescar*, où il est maintenant, et pendant qu'il y a esté, le régent soubs la charge duquel il a fourny pour lui la somme de 11 livres, 4 sols, 6 deniers pour les causes mentionnées aux partyes des fournitures cy attachées et, oultre ce, le supliant agrandement besoin d'ung *habillement et d'une robe longue* pour s'en servir *c'est Yvère*, et esloigné de tous ses parents, il n'a moyen quelconque de rembourser le dit régent, son maître, et moins d'avoir un habillement et robe et à recour à Vostre Majesté à laquelle il supplie très-humblement qu'il plaise à Vostre Majesté ordonner que son dict Me Régent au dict Lescar, soit remboursé et pareillement luy ordonener ce qu'il vous plaira pour luy avoir ung habillement, robe et livres pour estudier comme il a très bonne affection pour vous *fe* quelque jour très humble service et il prira Dieu pour vostre prospérité et santé ».

Suit :

Je soubsigné confesse avoir reçu de Monsr le Trésorier Gallant la somme de 11 livres, 4 sols, 6 deniers de la quelle somme acquitte le dit Gallant et tous autres qu'il appartiendra et la présente qui lay escripte et signée de ma main. A Pau, le 27 de novembre 1572.

Samuel DE SAINT-HILAIRE.

Suit le compte produit :

Un nouveau testament....... 30 sols.
Un cousteau.................. 2 sols.
2 livres de papier........... 12 sols.
Pour me faire tondre........ 6 deniers.
Pour un cordon d'escritoire.. 3 deniers.
Une grammaire grecque de Théodore de Eaze................. 4 sols.
Pour racoustrer mes souliers. 18 deniers.
Pour un Homère en grec et latin et autres livres................ 18 sols.

—

B. 36. — A Gilles, principal mercier de la princesse Catherine de Navarre, la somme de 29 livres tournois pour 20 aunes d'étoffe nécessaire à l'habillement de Thoumiu, fou du Roy de Navarre, suivant le marché qu'il a fait, deux écus sol pour toile devant servir à la doublure du dit accoutrement. 1577.

A Barthelemy de La Femasse dit Beaussemblant (1), tailleur et valet de chambre du Roy,

(1) *Laffemas*, Barthelemy, n'était non-seulement un tailleur-valet de chambre, *mais aussi un érudit*; il fit paraître un ouvrage portant pour titre : « *Les moyens de « chasser la Guenserye, contraindre les fenéants, faire « vivre et employer les pauvres* » (suivis d'une liste des noms des arts et métiers qui ont maîtrise à Paris), faict par Barthelemy de Laffamas, varlet du Roy (Henri IV), natif de Beau-Semblant, en Dauphiné ; à Paris, par Est. Prevosteau, 1600, 15, p. p.

Autre livre : « *Le quatriesme advertissement du commerce faict sur le debvoir de l'aumosne des Pauvres* », dedié aux riches amateurs du bien public, faict par Barthelemy de Laffemas qui représente, sur ce, l'abbus des tavernes et cabarets ; Paris, Jamet et Pierre Mettayer, 1600.

la somme de 80 livres pour façon d'un *habillement* qu'il a fait pour Sa Majesté et pour fourniture de *petits boutons d'or*, *d'argent*, *de soie*, fillet, canevas et coton pour rembourer ledit habillement, suivant marché fait au dit Beaussemblant et Jean de Pau, qui est de 20 écus par an. 1577.

—

B. 2171. — La Royne de Navarre, Duchesse d'Albret et Vendosmoys. (2.)

A nos amés et féaulx, conseillers et trésoriers généraulx, tant de noz finances que de noz maisons que de celles de noz trésoriers tels que Mᵉ Auger de La Rose, Gaillard Gallant et nostre cher Barenger, nous voullons, nous mandons, ordonnons que des deniers provenus ou qui proviendront de *la taxe fermes des offices, tant de nostre terre que de seigneuries, que de celles de nostre fils*, vous payez, baillés et délivrés à *nostre* cher et bien amé Bertran Brodeau, dit *Capot de Chassetière*, l'ung de noz varlets de chambre et pelletier ordinaire, la somme de *six vingt livres tournois dues par elle pour certaines causes et bonnes considérations, ait nous mouvants, nous luy avons faict et faisons don par ceste présente.*

Donné à Pau, le bIIIᵉ jour de septembre l'an mil cinq cent soixante sept.

JHANNE.

Par la Royne de Navarre, LE ROYER.

—

B. 152. — Compte de Jean de Montgaurin, Trésorier général.

Payé à Etienne Travant, tapissier, 57 livres

(1) Cette pièce originale est sur parchemin ; mais en très mauvais état.

15 sols pour 77 journées employées par lui pour raccommoder *la tapisserie du Château de Pau* à raisou *de 15 sols tournois*, tant pour *sa nourriture* que *pour les fournitures nécessaires* aux dites tapisseries, suivant marché arrêté.

A six soldats en garnison au château d'Orthez commandés par le capitaine Brasselay, capitaine du dit château, 459 livres tournois pour leur solde de plusieurs mois, à raison de *8 livres 10 sols par mois pour chacun des soldats*, par mandement de la princesse Catherine régente du 28me février 1577.

B. 365. — *Autographe.* Henri IV demande 65 aunes de velours cramoisi.

Concierge de Pau, ayant entendu que vous avyez quels ques aunes de velours cramoysi et d'autant que ma sœur y a affaire d'une partie pour sa chambre, j'ay bien voulu vous escripre c'eslecy pour vous mander de luy en bailler ce quelle vouldra retourner. Et raportant la présente avec certification sufisante, vous en serez tenu quite et deschargé par tous où il appartiendra. Ce n'estant a esté cy a autre fin. Je prieray Dieu vous avoir en sa sainte garde. Donné à Nérac ce xxbiiii° d'avril 1578.

« J'ay advisé de payer la
« présente escripte de vous —
« mander que vous m'envoyer
« tous les dits velours cramoysin
« car je pourray avoir affre pour
« ma chambre

« Vostre bon maistre
« HENRY » (1).

(1) Ces huit dernières lignes sont écrites de la main d'Henri IV.

A la suite :

« Nous Henry, par la grâce de Dieu roy de « Navarre, seigneur souverain de Béarn, cer- « tiffions à ceuls qu'il appartiendra que Robert « Remy, nostre brodeur, concierge et garde « des meubles de nostre château de Pau, nous « a baillé et délivré en nostre ville de Nérac « *soixante cinq aulnes de velours cramoisin* « que nous luy avons mandé de nous octroyer « par la lettre ci-dessus escrite et pour lui « servir de descharge luy avons octroyé la « présente au dit Nérac, le dix septième May « l'an mil cinq cens soixante dix huit.

« Henry. »

—

B. 48. — A Christophe de Joanlong, hôtelier de Barbaste, la somme de 14 livres tournois pour dépense faite par le Roi de Navarre et sa suite *allant et revenant de la chasse,* savoir : le *17e jour de juin*, venant de Nérac, en pain, 20 sols tournois ; en œufs, lard, fromage, 20 sols ; 20 pots de vin, 40 sols; plus le sixième jour de juillet allant de Nérac à Barbaste, en pain, 10 sols ; en vin ; 12 pots, 24 sols tournois ; *pastis,* 18 sols ; lard et jambon, 12 sols ; une douzaine d'œufs, 13 sols tournois ; un fromage, 13 sols ; pour noisettes et autres 5 sols ; plus pour mois d'Août ; en pain, 18 sols ; 16 pots de vin, 32 sols tournois ; *deux douzaines d'œufs 6 sols* ; pain pour les chiens, 20 sols tournois ; le présent compte vérifié, modéré et arrêté par les maîtres d'hôtels de la maison du Roi. 1577.

—

B. 2400. — Payé à Jean Dubaret, marchand poissonnier à Peyrehorade, vingt escus sol pour six saumons offerts en don par Henri III de Navarre à sa sœur Catherine.

Pau, le 26e jour de Mars 1579.

HENRY.

—

B. 46. — Payé aux trompettes du Roi de Navarre quatre livres pour avoir publié la paix à Nérac, conclue à la conférence tenue dans cette ville.

Payé 20 livres, 45 sols pour une boite de massepins contenant une livre trois quart portée par ordre du Roy dans la chambre de Fosseuse, fille d'honneur de Marguerite, reine de Navarre.

Pour un cataplasme anodin fourni à Toumiu, fou du Roy, 20 sols, 6 deniers.

Pour M. de Roquelaure, de la part de Sa Majesté, une boite de massepins contenant une livre trois quart, vingt livres quarante cinq sols.

Au sr Duloy, barbier des communs du roi de Navarre, pour *avoir tondu* durant sept mois, 15 pages et leur gouverneur à raison de *20 sols pour chacun*, la somme de 48 sols tournois; pour *avoir tondu durant ledit temps, 14 laquais du Roi à* raison de *20 sols chacun, par mois*, la somme de 42 sols; pour avoir pansé Bertrand durant 8 jours d'une blessure qu'il avait à la main, 35 sols.

A l'argentier pour remboursement des sommes payées, savoir : louage de deux hommes et de deux chevaux pour porter et conduire les papiers secrets du Roy, de Nérac à Pau, en quoi 6 journées pour aller et retourner à raison de *35 sols tournois*, tant pour salaires que pour dépenses, la somme de 10 livres, 10 sols tournois; — pour le mardi, *septième de septembre,* le roi de Navarre *partant de Pau* l'après diné, s'en retournant à Nérac en grande diligence et le s[r] de La Fourcade le suivant; le *lendemain* allant diner à Lalongue pour *coucher et rester*, il dépensa *tant pour lui* que pour *ses deux serviteurs, sans ses chevaux, le dit jour* (8 septembre 1579) la somme de *quarante sols*, et le lendemain *tant à diner que souper* pareille somme de *quarante quatre* sols tournois; plus pour le *port et conduite* de ses *papiers* du dit *Pau au dit Nérac* paya pour un cheval et un homme qui le conduisit tant pour *salaire* que *dépense* en six jours aller et venir la somme de dix livres, dix sols tournois.

A Julien Derang, fondeur et canonnier, demeurant à Navarrenx, 183 livres 14 sols, 3 deniers, savoir: 140 livres, 14 sols tournois pour remboursement de frais et débours pour la *fonte et façon* de deux *pièces de campagne* qu'il a fait pour la *ville de Navarrenx* par commandement de la Reine régente et contrôlé par le sieur Pargade, contrôleur.

—

B. 64. — Payé à l'argentier 2 écus sol qu'il a remis à la *sage-femme* et *au patissier* pour le baptème du fils du capitaine *Mazelières* (1).

(1) *Lettre d'Henri IV au capitaine Mazelières.*

« Capitaine Mazelières, dès que vous aurés reçu ma « lettre, montés à cheval et me suivés avec votre troupe, « et que votre frère fasse rompre la tour et le cu de « lampe de la maison qui est fortifiée à Montault, en- « semble les flancs et canonières de l'église, la rendant « du tout hors la déffance, et qu'après avec sa troupe « il se range avec le régiment de Castelnau. Passant en » cette ville, vous saurés de M. Castelnau ce que vous

Henri III de Navarre tenant l'enfant au baptême.

A Vincent, écuyer de Mr de Miossens, un écu sol qu'il a remis au Roi de Navarre *pour lui donner moyen de jouer au billard.*

A Guillaume Lamy, orfèvre à Pau, la somme de quatre livres *pour façon et fourniture d'un pot de chambre pour Henri III de Navarre.*

Aux jurats d'Aspe deux écus sol pour avoir conduit à Pau *trois chiens courants* pour le roi de Navarre.

A un homme 14 sols, 6 deniers pour avoir reconduit les *mulets* du *Roi de Navarre* de *Coarraze à Pau.*

A Arnaud de La Caze, conseiller au Conseil ordinaire, 100 livres tournois pour lui donner moyen d'avoir une *robe écarlate et rouge* comme les autres du conseil, par mandement du 23e jour de mars.

—

B. 26. — A l'argentier pour remboursement de 40 sols pour les pauvres de l'église de *Pau,* le *jour de la cène,* le roi de *Navarre y étant.*

A l'argentier pour achat de 16 *plumes blanches et de couleur orange* 8 livres pour le roi de Navarre.

« aurés à faire ; sur ce, capitaine Mazelières, Dieu vous » ait en sa garde. Au Mont-de-Marsan, ce XX septembre « mil cinq cent quatre vingt cinq.

« Votre bon maître « HENRY. »

Extrait des documents de la Maison ducale de Galard. — Noulens, page 1003, t. 3.

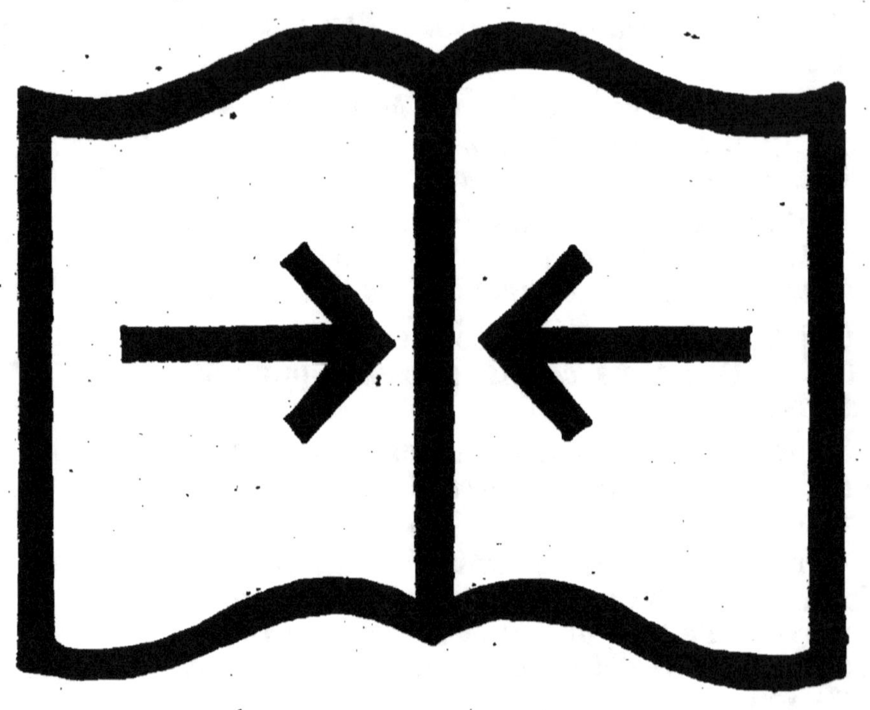

RELIURE SERRÉE
ABSENCE DE MARGES INTÉRIEURES

VALABLE POUR TOUT OU PARTIE DU
DOCUMENT REPRODUIT

A un laquais du roi 30 sols pour aller de Pau à Maslacq (près Orthez) *chercher M. de Lons* ; ordonnance de Mᵉ d'Espalungue.

Au patissier du roi de Navarre, la somme de 100 sols tournois ordonnés par Mᵉ d'Espalungue *pour le récompenser de, la quantité de pâtés de vénaison et d'Artichaux* confectionnés durant le mois de juillet et d'août.

A Jean de Lignac, de Nérac, 75 sols tournois pour avoir apporté au roi de Navarre 15 tourterelles destinées à sa volière.

—

Fournitures de chausses de satin doublées de toile d'argent et autres fournitures, en l'année 1577.

De par le Roy de Navarre,

A nos amés et féaulx conseillers et receveurs généraulx de noz maisons et finances, présents et à venir, salut,

Nostre cher et bien amé *Jacques Bonenfant*, l'ung *de nos chausseliers* et *varlet de chambre*, nous a remonstré que cy-devant, nous aurions faict expédier deux mandements montant à la somme de 2,450 livres, 7 sols, 4 deniers tournois pour pareille somme, dont luy estions redevable pour plusieurs parties qu'il *nous a fournyes* durant l'année 1577, ainsy qu'il est porté par les dits mandements, en vertu des quels Mᵉ Macé-Duperray, nostre argentier et commis de M. Michel Bérenger, notre trésorier général, l'avoit assigné sur Mᵉ Johan Resseguier tresorier de nostre comté de Rodez, sur les deniers de sa charge de l'année dernière, lequel Resseguier n'avoit payé la dite somme quelque diligence que le dit Bonenfant ayt pu faire donner. Il appert par mandement et rescription du dit Duperray *ci-attachez*, *soubs nostre cachet*, nous supplyant et requerant très humblement le dit Bonenfant sur et luy pourvoir pour estre payé de la dite somme. A ceste cause désirant que le dit Bonenfant soit *satisfait et payé*, nous voulons, vous mandons et ordonnons que des deniers de vostre charge et recepte qui proviendront de nostre *comté de Rhodez* et du *terme de Noël* dernier, vous payez, baillez et délivrez ou faictes payer et délivrer comptant au dit Bonenfant la dite somme de deux mille quatre cent cinquante livres, sept sols, quatre deniers *tournois* pour les causes portées par les dits mandements, rapportant les quels, pièces y attachées avec le présent et quittance du dit Bonenfant de la dite somme seront suffisants, car tel est notre plaisir.

Donné à Nérac, le xxb° jour de janvier l'an mil cinq cent soixante dix neuf.

HENRY.

Pièce justificative de la dépense.

B. 2378. — Parties pour le Roy de Navarre faictes et fournies par moy, Jacques Bonenfant, chaussetier et valet de chambre dudit Seigneur.

Premièrement pour la fasson de xiii *pére* de chausses de *satin coulombin*, *doublées de thoille d'argent* et *barbillonné*, *les bandes*, *de thoille d'argent*, *monte* toutes les chausses, 29 livres plus pour xxbi aulnes trisées pour doubler toutes icelles chausses, vingt et sept livres et demie, plus pour treize aulnes de drap pour faire des bourrelez des dites, monte à dix huict livres; plus pour six aulnes et demys pour drap blanc pour fere les corps d'icelles, douze livres; plus ayt faict sept *pere* de chausses de satin coulombin alla matellote, et pour les trompettes et tambourins et *pyfres*, à raison de trois livres par *qere*, montent les partyes sy arrestées deulx centz sinquante et sept livres, dix souls.

BONENFANT.

—

Ordonnance pour allouer en dépense une somme employée et pour laquelle le Roi de Navarre ne croit pas utile de spécifier.

Le Roy de Navarre à Maistre Julien Mallet, nostre conseiller et commis à la trésorerie générale de Nostre maison, nous vous mandons et ordonnons que des deniers de vostre charge vous bailliez et délivrez au sieur de Languillier, nostre chambellan et conseiller ordinaire, la somme de *deux cens escus sol* que nous luy avons ordonnés *pour affaires, les quelles sont maintenant* employés. Nous mandons de ainsy le faire sans difficulté, car tel est nostre plaisir.

Donné à Pau, le XXIIIe du mois de Mars mil cinq cent quatre vingt et ung.

HENRY.

Par le Roi de Navarre, Monsieur de Ségure présent.

SPONDE.

—

B. 2413. — De par le Roi de Navarre, nous voulons et ordonnons à nostre ami et féal conseiller, Me Jehan de La Fourcade, sieur de La Fitte, de payer comptant la somme de cinquante escus sol au Cappitaine Nolivos pour subvenir et ayder à son entretienement et de ses chevaulx près de nous, car tel est nostre plaisir. Donné à Pau, le xbᵉ jour de Juin l'an mil cinq cent soixante et dix neuf.

HENRY.

« Par le Roy de Navarre.

Veu par « Quitery. »

DE ROYER.

—

B. 2413. — A Jérome Le Normant, graveur des mémoires du présent pays, 210 livres tournois pour pareille somme délivrée ès mains du Roy, en 60 écus soleil et 30 livres tournois en pièces de 20 et 10 sols tournois qui ont été forgées nouvellement sur le pied des espèces d'or et d'argent que le Roy de Frauce a fait faire en son royaume 1878.

—

B. 2511. — Don de 50 écus par le Roi de Navarre à une nouvelle mariée.

Ordonnance. De par le Roy, Seigneur Souverain, à nos amis et féaulx les gens tenant nostre Chambre des comptes à Pau, salut : Nous voulons et vous mandons que par les mains de nostre receveur du fiscq de nostre pays, vous faictes payer et bailler et délivrer comptant à Jehanne de Massé, fille au sieur de Massé et Jehanne de Massé, sa femme légitime, la somme de 50 écus sol, que « nous luy avons « faict et faisons *don par ces présentes signées « de nostre main pour son mariage.* » Et rapportant ce présent, avec quittance de la dicte Massé sera suffisant. Nous voulons que la dicte somme de cinquante escus sol soyt passée et allouée au dit receveur, sans aucune *difficulté*, nonobstant toute ordonnance et mandement qui par nous et nos prédécesseurs et par vous pourrait avoir estè *faictes* au contrayre aus quelles *pour ceste fois seulement et sans tirer à conséquence* nous avons *desrogé et desrogeons à la desrogation de la desrogatoire y contenus*, car tel est nostre plaisir. Donné à Pau, le xxbj[e] jour de mars mil cinq cent quatre vingt ung.

HENRY.

Pour Jehanne de Massé.

—

B. 2501. — Melle de La Rose. — Henri de Navarre lui donne deux robes en burre.

Quittance autographe.

Pour servir de décharge à Robert Remy, concierge et garde des meubles du Roy, *de deux robbes de la bure* que Sa Majesté a donner à Mademoiselle de La Rose à quy lui ont esté délivrées par le dit Remy par commandement de Sa dite Majesté. Faict à Pau, le xxiiie de Juing 1581.

HENRY.

Mandement d'Henri III, de Navarre, autorisant le payement à Maurice Bernard dit Ferry, Ingénieur, pour *confection d'une épée dorée* donnée par le roi de Navarre au vicomte de Turenne, blessé; plus pour réparation au *luth et à la Mandoline* de Catherine, princesse de Navarre.

« Parties faictes par moy Ferry, vallet de chambre et ingénieur du roy de Navarre, par le commandement de Sa Majesté; premièrement pour avoir faict une lame *d'espée gravée et dorée*, à Montauban, que S. M. a offerte à M. le *Viscomte de Turenne après avoir esté blecay*, pour ce seize écus; plus pour avoir refait le *luc* (luth) de mandoline qui estoit toute cassay, pour ce quatre écus; plus pour avoir fait une *mandorre* à Madame, où il y a

36 pièces d'outils, pour ce trente écus... » Maurice Benard Ferry. » Règlement à 38 écus sol par Henri d'Albret, baron de Miossens, premier gentilhomme de la chambre, à Coarraze, 25 octobre 1579.

—

B. 2378. — Quittance de Dampierre, écuyer du Roy de Navarre, pour une gratification (1).

Pour servir de quittance au sieur *de Laforcade, commis par le Roy de Navarre à la trésorerie de sa maison et finances*, de la somme

(1) Cette quittance est jointe à un mandement concernant de La Jonquière avec une ordre à la suite de ce mandement pour une somme assignée au sieur de Dampierre.

Nous reproduisons le *texte ci-après* :

Le Roy de Navarre,

« A nostre ami et féal conseiller, Mᵉ Jehan de La « Fourcade, par nous commis à l'exercice de la tréso- « rerie de nostre maison et récepte générale de nos « finances, salut. Nous voulons et vous mandons que « des deniers de vostre charge et commission vous payez « et délivrez comptant *à nostre cher et bien amé fils » du sieur de Jonquière nostre conseiller et maistre » d'hôtel la somme de* CANT (*) ESCUS SOL que nous luy » avons ordonnés par ces présentes *en considération des » services qu'il nous a faict en nos grandes escuries de- « puis ung an en la charge de cavalcador et pour aussy « lui donner moyen de s'en aller à la maison de son dit « père située en Picardye suivant le congé que nous luy » avons accordé pour quelque temps.* »

(*) *L'indication de la somme était en blanc*, ainsi qu'il est facile de le voir dans le manuscrit par l'*écriture et la couleur de l'encre*. Nous avons constaté dans plusieurs ordonnances qu'*Henri de Navarre mettait lui-même la somme qu'*IL VOULAIT DONNER. *Aussi voit-on ici le mot* CANT ESCUS pour *cent escus*.

de *cent escus sol* à moy ordonnés par mandement de Sa Majesté du troisième de mars mil cinq cent soixante et dix neuf.

DE DAMPIERRE.

—

A Marot, tailleur et valet de chambre du Roy, la somme de 30 livres pour deux *accoutrements de futaine pour deux laquais.*

A pauvre soldat 12 livres pour aûmone par le roi en raison de sa pauvreté.

A Jacques Lavie, fourbisseur à Pau; 12 ivres 4 sols tournois pour avoir garni et nettoyé les épées du Roi.

A Camou, marchand à Pau, 50 sols tournois pour un chapeau baillé à Toutmieu, fou du Roi.

A Julien Mallet, trésorier, qui a remboursé à Mons. de Guiche, *2000 écus* pour l'achat d'un *sanglier* qu'on a donné au Roy.

A Charles, le grand fauconnier du Roy, 25 livres 4 sols, ordonnés par Me d'Espalungue, maître d'hôtel, pour avoir *nourri et entretenu deux faucons durant 15 jours* du mois de juin et aussi pour entretien de son cheval.

A M. de Lagrange, fauconnier du Roy, 64 livres, 11 sols pour la dépense *de 5 laniers et 5 faucons* durant le mois de février, à raison *de deux sols par jour* et 30 livres pour l'entretien de *grands levriers* à raison de 5 sols par jour.

A deux pauvres femmes qui ont *porté de l'eau* à la cuisine et office durant 4 jours, six sols, et à un serrurier trois sols pour avoir mis *des clous* aux coffres de la chambre du Roi, par ordonnance du dernier de mars.

A Jean, lavandier du corps du Roy de Navarre, 27 livres à lui ordonnées par mandement des sieurs d'Espalungue, maître d'hôtel, et de Lafond, contrôleur, pour avoir *savonné une chemise garnie d'or et les chausses à bottes de Sa Majesté brodées d'or.*

A l'horloger de Pau pour avoir accoustré l'horloge en façon d'un cœur au cabinet du Roi de Navarre, la somme de 35 sols tournois par ordonnance de M. Xaintrailles, Me d'hôtel, du 22 Mars.

A Calixte, marchand, 4 livres 16 sols pour avoir *fourni du linge* au Conseil durant douze jours, à raison de 8 sols par jour.

A l'argentier quatre livres tournois pour avoir fourni des souliers aux quatre tournebroches du Roy de Navarre, par mandement du Me d'hôtel. »

A l'argentier qui a payé par l'ordonnance des Srs Xaintrailles Me d'hôtel et Christophe de La Force, controleur, à Pierre Moret, garde vaisselle, la somme de 117 sols pour avoir entretenu son cheval portant la vaisselle durant le mois d'avril, somme qui lui avait été rayée sur le journal des dépenses.

A Guillaume, grand valet de chambre du roi de Navarre, 12 livres pour *avoir conduit le grand lit de Sa Majesté de Bergerac à Nérac*, par ordonnance de M. Xaintraille, Me d'hôtel. »

A Jean, lavandier, 27 sols tournois pour *location d'un cheval ayant porté les chemises du Roy et de ses pages* par ordonnance de M. Xaintraille, Me d'hôtel, du 26 janvier 1581.

A Guillaume Robin, lavandier, 6 livres tournois pour avoir blanchi 12 paires de chausses à bottes durant le quartier d'octobre, novembre et décembre.

A Guillaume Lamy, ofèvre à Pau, 14 livres, 12 sols, 6 deniers pour avoir *accoustré les flacons d'argent* et autres bijoux du roi, étant alors *à Pau*, par ordonnance de Mᵉ Xaintrailles, Mᵉ d'hôtel, du dernier jour de Mars 1581.

A Claude Leroy pour miroir de cristal, un écu; 45 coupes montées en argent, 40 livres; un éventail, 100 sols.

A Arnaud Dubayle, maître du jeu de paume de Pau, 4 livres tournois pour paumes fournies au Roi de Navarre pendant son séjour à Pau. (Mandement du denier du mois de Mars.)

A un laquais du Roi, la somme de 14 sols, 6 deniers pour être allé de Pau à Monein par ordonnance de M. de Lons.

A Robert Remy, concierge du Château de Pau, 28 livres, 13 sols pour avoir tendu les tapisseries du château et les *avoir fait venir* de Navarrenx *pour la tenue des Etats de Béarn*.

A Guillaume Blondeau, demeurant à Tarascon, cordonnier du Roi de Navarre, la somme de 22 livres, 10 sols pour fourniture durant le mois de juin à 20 pages de la petite écurie d'une paire de souliers par mois à chacun.

A Jean Rollin 6 livres pour plusieurs réparations faites aux *grand et petit lits* du roi de Navarre.

A M. de Vaulx, ministre de la parole de Dieu, 6 écus pour remboursement de pareille somme remise de la part du Roi de Navarre à trois étudiants de Toulouse se rendant à Genève.

A Guillaume Lamy, orfèvre à Pau, 95 livres pour façon de bijoux et montures de pierres fines.

A Raimond Varinder, apothicaire de la ville de Nérac., 27 livres, 17 sols, 6 deniers pour fourniture pendant le quartier de janvier, février et mars de plusieurs « *drogues, confitures et autres pour le service du Roi, ainsi que d'une quantité d'or pour plomber les dents de sa Majesté.*

Au s^r Raimond, apothicaire du roi, 198 livres pour 22 livres *de violettes* qu'il a fournis du *1er janvier 1581 au dernier de juin pour les coffrets de la chambre du roi de Navarre, pour sa garde robe et les offices du garde linge.*

A Julien Mallet, trésorier, pour remboursement de la dépense d'un *voyage exprès à Bordeaux* afin de faire *garnir un chapeau* de velours orange et *d'une natte* d'or *pesant trente onces* pour le roi de Navarre (la somme n'est pas désignée.)...

Au même pour une douzaine de couteaux de grande dimension, avec la gaine, 8 livres, 5 sols, et pour deux *petits couteaux pour mettre sur l'assiette du roi*, 20 sols.

A Etienne, cuisinier, 33 livres, 9 sols pour fourniture tant en viande, vin, chandelles lorsque le roi de Navarre partit de Roquefort de Marsan que pour *20 couchers* en cette ville. « Ordonnance du s^r Xaintrailles, M^e d'hôtel du 22eme de mars.

A Bernard Bartet, de Lescar, 20 sols tournois pour la dépense de 5 chevaux du roi de Navarre, pour un jour à Roquefort de Marsan. (Ordonnance du premier écuyer du 23ème de mars).

Au sr Jean de Saint-Denis, maître du jeu de paume de Nérac, la somme de 29 livres 10 sols tournois pour *soixante douzaines de paumes* perdues au dit jeu par le roi de Navarre, à raison de dix sols.

Au garçon de l'office de panneterie 4 livres pour le *louage du linge d'un souper à Bazas* par ordonnance du maître d'hôtel du 26 février.

Aux hommes de Casteljeloux qui ont mené le roi de Navarre à la chasse, soixante sols.

A Nicolas Jamiot, garçon de la garde robe, 30 sols pour avoir fourni *de l'étoupe* pendant les mois de janvier, février et mars 1581 pour les « affaires » du roi de Navarre.

A l'argentier qui a donné au petit Arnaud, laquais du roi de Navarre, 7 livres 10 sols pour *aller de Pau à Nérac* trouver Madame la princesse par ordonnance du 15me d'octobre.

A l'argentier qui a payé 40 sols à un homme de pied de l'armée pour aller à Oloron porter des lettres du roi de Navarre à M. de Noguères.

A Arnaud Rospide, contrôleur de l'écurie, 16 livres, 13 sols tournois pour achat de chausses et pourpoints aux pages et petits laquais, ainsi que des VERGES POUR LES POUETTER.

A quatre paysans 30 livres qui ont apporté *des sangliers* que le roi de Navarre a *pris à la chasse étant à Navarrenx*.

—

B. 2512. — Henry III de Navarre envoi son colonel des Gardes Suisse aux Eaux-Chaudes pour guérir ses blessures. — Année 1581.

Henri de Navarre adresse un mandement à M. Julien Malet pour payer et délivrer comptant au sieur de Rangues, gentilhomme ordinaire de nostre chambre et *colonel de nos Gardes Suisses*, la somme de *cinquante escus sol* que nous luy ordonnons par ceste présente signée de nostre main pour luy donner moyen d'aller aux *Eaux-Chaudes* pour guérir d'une blessure qu'il a par suite des dernières guerres, estant près de nostre personne. Nous mandons la faire sans difficulté, non obstant quelconque ordonnance, mandement et règlement à ce contraire, ausquels nous aurons desrogé et desrogerons par ceste présente, car tel est nostre plaisir. Donné à Pau, le premier jour d'avril mil cinq cent quatre ving et ung.

HENRY.

—

Estant Sa Majesté à Coutras a esté mis en ses mains la somme de 50 escus sol par les mains du Controleur Juglet pour *jouer à la prime* contre Monsieur de Rohan le IX du mois d'Aoust. 1582.

Le xb[e] du dit mois, Sa Majesté estant au dit Coutras a esté mis en ses mains par l'argentier 89 *escus petits* pour *jouer à la prime* contre le dit sieur de Rohan et M. de Montferrant, revenant à *86 escus*, 2 sols tournois.

A esté remboursé, par commandement du dit Seigneur Roy, au sieur de Saugron 45 escus sols et 50 sols tournois prestés à Sa Majesté le xbiiiᵉ du présent mois.

Le xx du dit mois, a esté remboursé, par commandement de Sa Majesté, au sʳ de Saugron 30 éscus pistoles qu'il auroit mis en mains du dit Seigneur Roy pour *jouer contre* le sieur Ostran, revenant à 29 éscus sol.

Le mesme jour a esté remboursé, par commandement de Sa Majesté. à Monsieur le Prince 20 escus pistoles qu'il auroit prestés au dit Seigneur Roy, revenant à 19 escus sol, un tiers d'escu.

Le dit jour a esté remboursé, par commandement de Sa dite Majesté, au dit sieur de Rohan *400 escus* pistoles pour *menus plaisirs*, revenant à 96 escus, 2 livres.

Le xxjᵉ du dit mois a esté remboursé au sieur de Roques 23 eséus pistoles prestés à Sa Majesté pour ses *menus plaestrs*, revenant à 96 escus, sol 14 sols tournois.

Le dit jour a esté mis en mains du sieur de Frontenat, par commandement de Sa Majesté *100 éscus pistoles tant pour emploier à ses menus plaisirs que pour frais à sa despense du voiage par le dit Seigneur Roy en poste de Contras à Pau*, revenant à 96 escus deux livres.

—

B. 2541. — Don d'un cheval à Mᵐᵉ de Vezin.

Henri III, roi de Navarre, mande et ordonne à son Trésorier Général en Béarn, Julien

Malet, de payer des deniers *ordinaires et extraodinaires* la somme de *cinquante escus sol* à Bastian, archer de ses gardes, pour un cheval qui lui a vendu à Cahors, duquel Sa Majesté *a fait don à Madame de Vezin pour certaines considérations. Ordonnance donnée* à Eaux-Chaudes, le 26 juin 1581. « Henry. »

—

B. 2501. — Compte de librairie pour le service des pages de la grande écurie du Roi de Navarre. — Année 1581.

Dix huict paires (de psaumes) pour les Pages à 9 sols la paire et un pour le Roy qui coute 25 sols tournois, ci....... 9 livres

Bibles..........................	8	—	
Œuvres de Plutarque....	7	—	
Croniques de Carion........	4	—	
Trois tomes de Orezons de Ciceron	2	—	10
Mémoires de Bellay	2	—	
Dixionnaire grec-latin-françois...	2	—	
Du Haillan (Histoire de France par)	5	—	

Argentier paiera à Jean Durac, libraire de la ville de Nérac, la somme de trente neuf livres tournois à lui dus pour les livres qu'il a fournis aux Pages de la grande écurie, mentionnés ci-dessus dans le mémoratif, suivant le marché qui en a été fait par le précepteur des dits Pages, et rapportant par vous le dit mémoire en la présente et la quittance du dit sieur Johan Durac, il vous en *sera ordonné* pour la reddition de vostre compte.

Fait à Nérac, ce quinziesme de septembre 1581.

Henry.

B. 2501. — Perte au jeu de paume par Henri III de Navarre.

Je certifie que le Roy joua vendredi, le dernier jour de febvrier, trois douzaines de paulmes.

FOUGUET.

Le dimanche, deuxième de mars, il joua partie contre Monsieur de La Bar et fut perdu une douzaine de paulmes. »

FOUGUET.

Argentier paiez et baillez au Me du jeu de paulme de ceste ville, la somme de sept livres tournois pour *14 douzaines de jetons* qui ont été perdus par le Roi jouant à *la paulme*, ainsy qu'il appert par les certificats cy-dessus. Et rapportant le présent au rôle des despenses extraordinaires du présent quartier-compte, il vous en sera reçu. A Nérac, le iiiie Mars 1581. »

JUGLET.

—

B. 2515. — *Dépenses secrètes*.

Mandement du roy de Navarre à la chambre des comptes de Pau pour admettre et allouer en dépense le compte présenté par Me Julien Malet la somme de « *deux cent escus sol qu'il a mise en nos mains pour les emploier nous mesmes en affaires que nous voulons estre icy aultrement spécifiez*.... car tel est nostre plaisir. » Donné à Nérac, le dit iiiie jour d'actobre l'an mil cinq cent quatre vingt et ung. »

HENRY.

(De la main du roi) « *celés ce mandement*. » plus bas : « *seller après lavoyr reçu du Roy*. »

L. DUFAUR.

B. 2502. — Proposition du roi Henri III de Navarre, à Henri III, roi de France, concernant les finances. — Année 1581.

S'il plait au Roy (de France) accorder au Roy de Navarre assignation de *vingt mil escus sol* sur les arrérages de ses pensions depuis l'année mil cinq cens soixante quinze jusqu'à présent, il mettra en mains de Sa Majesté ung moyen non subsidiaire, duquel Sa Majesté trouve plus de cent mil escus sans aucune charge sur le peuple, n'y attirer le commerce dedans ny hors le royaulme et sans charger à ses finances ce que ne peult faire par ung livraison de déclaration portant règlement et dont il n'y a arrest de la court de parlement et que *la dite assignation soit accordée sur les premiers deniers provenant du moyen, attendu que l'advertissement* vient de la part du Roy de Navarre.

Réponse autographe du roi Henri III de France au *pied de la proposition.*

« Accordé le disme de ce qui an vyendra le Roy de Navarre payan. »

Henri.

—

B. 157. — A Nicolas Ferrand, chirurgien de arguerite, reine de Navarre, la somme de dix scus sol pour *avoir soigné le Roi* durant sa aladie étant dans la ville d'*Auch.* 1582.

A Gillet, orfèvre à Tours, 63 livres tournois ur « *un miroir de cristal, garni de bois d'ébène, vec une médaille d'argent et pour une émeraude bague cinquante escus sol.* »

A Limona Trionin, de la ville de St-Jean 'Angely, la somme de six écus sol « pour *vente* D'UNE ANESSE POUR DONNER DU LAIT A HENRI III, *de Navarre.* » (Mandement du 22 juin 1582.)

A Legrand, fauconnier, la somme de 18 livres tournois pour un *voyage qu'il a fait de Pau à Nérac*, par commandement du Roi, pour aller chercher des faucons.

Au Sr Espagnet, médecin de la ville de Bordeaux, 90 écus sol pour s'être *rendu à Pau et y avoir soigné Henri III de Navarre qui y était tombé malade.* »

Au Sr Dufresne, *médecin de la ville de Lescar, pour être venu à Pau donner ses soins à Henri III, de Navarre, malade, ce, le dernier jour de Mai 1582.*

A Legrand, fauconnier, 40 écus sol pour un voyage de *Pau à Toulouse* par exprès commandement du Roi pour *acheter des oiseaux.*

B. 268. — Etienne de Cimetière, trésorier.

A Guillaumet de Subremille, de Sauveterre, la somme de 5 écus, 10 livres pour *100 pommiers* qu'il a fait porter en la présente ville de Pau et qui ont été plantés au *jardin d'en haut* par le dit du Vigneau, jardinier, ainsi qu'il appert par ordonnance de la chambre du 13 décembre 1582.

Au comptable la somme de *136 écus* pou le montant de la préparation faite pour l construction du pont *du baniü* (réservoir) *dess le moulin* de la présente ville de Pau e l'année du présent compte, ainsi qu'il apper par les constatations du Sieur Roques, con trôleur général des réparations, du 1er juin 1582

Payé par Julien Mallet, trésorier, à Pierre Deday, marchand de la ville d'Oloron, en Béarn, 120 livres tournois pour achat et transport du royaume d'Espagne de *20 migrenniers* et autres arbres destinés au jardin du château de Pau.

A Bertrand Coste, marchand de Sarragosse, habitant Oloron, en Béarn, 39 écus sol pour achat et port de *42 orangers* achetés à Valence (Espagne) destinés au château de Pau et remis en mains du sieur du Vigneau, jardinier d'Henri III, roi de Navarre.

Au dit comptable la somme de 776 écus, 13 deniers pour la *réparation faite au pont de la ville de Pau*, qui s'était rompu le 22 du mois de May 1582, ainsi qu'il appert par l'estat arrêté, controlé et signé par M. de Roques, conseiller du Roy en sa chrmbre des comptes et contrôleur des réparations, de laquelle somme, le Roy a payé les deux tiers parties qui se montent 517 écus, 14 livres, 9 deniers oboles, et par la ville, l'autre tiers partie qui sont 258 écus, 16 livres, 4 deniers obolesdont ledit comptable a fait recette pour le compte de ladite ville et qui lui ont étè passés en dépense la somme entière.

A Pierre Chantelle, garde du petit parc, la somme de 96 livres tournois pour avoir planté 1720 arbres, suivant la volonté du Roy, *de quatre ardits* pour chacun desdi!s arbres, ainsi qu'il appert par trois ordonnances de la chambre et datés du 24 octobre, année dudit 1582.

A Jean Boullard, architecte des bâtiments et réparations du Roy, la somme de *1313 livres* à luy ordonnés par suite d'un contrat passé en la présente chambre des comptes, du commandement de Madame la princesse régente en l'année du présent compte (1582) pour la construction du pont qu'il était tenu de faire pour *aller aux jardins* de Sa Majesté et réparations des galeries qui sont au petit jardin, comme il appert par l'ordonnance de la dite chambre.

—

B. 166. — Dépenses en la ville de Pau et autres lieux du premier jour de septembre 1582 jusqu'au deuxième jour d'octobre même année.

Payé au sieur Pedezert pour une barrique de vin blanc de Chalosse, 18 livres, 18 sols.

Au Sr Desproubet pour une barrique de vin blanc de *Jurançon*, 20 livres, 6 sols.

A Julien, de Saint-Castin, pour cinq pipes et une barrique de vin blanc de Chalosse à raison de *38 livres la pipe, ensemble 207 livres, 18 sols* ;

A Julien de Coulomier pour une barrique de vin blanc *d'Aubertin* (Béarn), 20 livres, 5 sols ;

A Riu, de Pardies, pour trois barriques de vin de Juraçon dont l'une est blanc et les deux clairet, 60 livres ;

A Jacques d'Hereters pour une pipe et une barrique de vin de *Jurançon*, 60 livres ;

Au Sr de Gassion pour deux barriques et quatre pipes de vin de *Jurançon*, l'une blanc et l'autre clairet 23 livres, dix sols ;

A Jean de Janotin pour quatre pipes de vin blanc de Chalosse, 52 livres ;

Au sieur Olaing pour une barrique de vin blanc de Jurançon, 20 livres, 6 sols;

Au Sieur Fomiran, de Lescar, pour une pipe de vin clairet de Jurançon, 27 livres, 2 sols, 6 deniers;

Au sieur de Menits pour un petit barricot de vin clairet de Jurançon, dix livres, 6 sols;

Au Sr de Cimetière, trésorier de Béarn, pour un barril de vin clairet de Jurançon, 20 livres, 6 sols;

A Edouard de Salinis pour deux pipes de vin blanc commun, 18 livres, 18 sols;

A Jean de Salinis, pour une barrique de vin blanc de Jurançon, 20 livres, 18 sols;

Au Sieur de Lendresse pour une barrique de vin clairet de Jurançon, 20 livres, 18 sols;

Au Sr Gillet pour un barril de vin blanc de Jurançon, 20 livres, 18 sols.

A Robert Remy, concierge du château de Pau, pour 6 barriques de vin de Jurançon, 119 livres, 18 sols.

A Bertrand Margacier pour une barrique de vin blanc de Jurançon, 20 livres, 5 sols.

A Jean de Pont pour une pipe de vin blanc de Vic-Bilh, 37 livres, 16 sols;

Au contrôleur Poques pour trois barriques de vin de Jurançon, 60 livres, 15 sols;

A la Demoiselle de Lauga pour une barrique de vin blanc du Jurançon, 13 livres, 10 sols;

A Bertrand de Saint-Orin pour trois pipes (1) de vin blanc commun, 113 livres, 8 sols;

Une barrique de vin blanc que le roi de Navarre a donné aux Bretons qui *creusent les canaux du jardin de Pau*, laquelle est comptée à l'extraordinaire de ce quartier.

Fait à Pau, le deuxième du jour d'octobre 1582, D'Espalungue; Juglet.

—

B. 127. — A Bertrand Barrach, dit le Gascon, lavandier du corps et communs du roi Henry III de Navarre, la somme de cinq livres pour sa nourriture et entretienement d'un panier servant à porter le linge du roi lorsqu'il est mouillé allant par les champs et ce, pour le mois d'avril de ce quartier 1588 qui est à raison de 5 sols, 6 deniers tournois par jour. »

A Jean Bouquet, apothicaire de La Rochelle, 16 écus pour 8 livres de prunes de « Gennes » pour le roi à raison de 6 sols la livre, comme il appert de l'ordonnance du médecin.

A l'argentier 3 livres pour des mariniers qui ont conduit plusieurs fois le roi de Navarre *au bain de mer* alors qu'il était à La Rochelle en la présente année 1588.

A la veuve de feu André, fruitière, et à Roger Dinan, apothicaire, neuf livres tournois pour les *indemniser des dégâts* causés par *Robert, singe d'Henri III* de Navarre.

Au s[r] Dubois la somme de 21 livres, 15 sols tournois pour la façon de *cinq paillasses* pour

(1) La pipe de vin en Béarn équivalait à 6 hectolitres.

le lit d'Henri III, roi de Navarre, plus pour garniture *d'une chaise percée* du dit roi ; plus pour avoir garni 4 pieds de lit ; plus pour avoir recousu *les escabeaux et la chaise de parade* et y avoir fourni de la soie ; plus pour avoir *raccomodé* la garniture du lit, la couverture et le ciel du lit.

A la Chapelle, valet de chambre du roi, 87 livres tournois pour achat de 6 douzaines de serviettes et 6 nappes pour le service de la maison du roi.

A Dubois pour avoir établi une toiture en bois de sapin au jardin du roi pour mettre à l'abri les oiseaux, leur avoir fourni de la viande durant un mois et aux *faisans* du blé pendant 64 jours ensemble la somme de soixante-huit livres 15 sols.

A Pierre Toussel, menuisier du roi, 22 livres pour façon d'une croix en bois pour y mettre les armes du Roi et pour avoir raccommodé sa chaise « d'affaires ».

A un pelletier de la Rochelle six livres tournois pour un manteau de *velours violet* et 30 sols tournois pour 2 *gros boutons* à mettre à deux *chapeaux* garnis de frange.

A Nicolas Tissier, garçon de la chambre d'Henri III de Navarre, la somme de 4 livres 10 sols pour avoir fourni de l'étoupe à la *chaise d'affaires* du roi.

A l'argentier, 26 écus sol pour remboursement de pareille somme employée à l'achat de *confitures et autres choses offertes en don à la princesse Catherine de la part du roi.*

A Hilaire Guiot, linger à La Rochelle, pour

façon de 4 douzaines de *chemises* pour Henri III de Navarre, à raison de 35 sols la douzaine ; pour façon de 10 douzaines de mouchoirs pour le roi à raison de 3 livres la douzaine ; façon de 6 douzaines de chausses à raison de 3 livres la douzaine ; façon de deux douzaines de coiffes à 4 livres la douzaine ; plus pour fil qui a servi à coudre les chemises, mouchoirs, chausses, la somme de 18 sols ; plus deux aunes de toile pour Me Pierris, chirurgien, lorsqu'il a soigné le roi, dix livres ; plus à Guiot, linger, pour *avoir raccomodé 10 ou 12 chemises du roi et recousu les chausses* et avoir fourni deux aunes de fine toile de Hollande pour faire des manches à un col de maroquain la somme de dix livres, ainsi qu'il appert par un compte arrêté par M. de Roquelaure, maître de la garde robe du roi, en juillet 1588.

A l'argentier pour achat de trois ballons destinés au roi la somme de 3 écus sol ; 26 livres tournois pour deux paires de bottes en cuir de vache ; une autre paire en maroquin et une paire de souliers aussi en maroquin ; un quartier de toile de Hollande pour faire des chausses au roi, 110 sols tournois ; une aune de taffetas bleu à gros grain pour une banderolle à la trompette du roi, 16 livres.

Plus fait dépense de 4 livres tournois pour gratification à *trois chasseurs aux perdrix qu'Henri III de Navarre avait « cru dévaliser en Gascogne.* »

A l'argentier 10 livres tournois pour 10 aunes de futaine et de *bourrassin* pour faire *un matelas pour le lit du roi.*

B. 126. — Au sr Jeoffrion, apothicaire, la

somme de 19 livres tournois pour 15 livres de sucre qu'il a remis par commandement exprès du roi de Navarre à une demoiselle de Madame de Rohan pour faire des *confitures*.

—

B. 64. — A un serviteur de Madame la Princesse un écu sol pour avoir apporté des *palombes au roi de Navarre* et 40 sous pour avoir apporté des melons. (Mandement de M. d'Epalungue, maître d'hôtel.)

A un coutelier de Montauban, 3 livres tournois pour vente de deux tranchelards, deux grands couteaux, deux fourchettes et un *fusil* pour la *cuisine* du roi et aussi pour avoir emmanché et esmoulu les autres couteaux de la cuisine.

—

B. 2731.— De par le Roy de Navarre, premier prince de sang et premier pair de France, gouverneur et lieutenant général pour le Roy, en Guyenne.

A nostre amé et féal conseiller trésorier général de l'extraordinaire de la guerre establis près de nostre personne, M. Vincent Pedesclaux, salut. Nous vous mandons et ordonnons que des deniers de vostre charge et recepte générale, vous payés et délivrés comptant à nostre cher et bien amé le capitaine *Goulard* la somme de soixante livres que nous luy avons ordonnés pour avoir servy de contrôleur à la recepte des finances de l'impôt mis sur les marchandises passant par la rivière de Garonne au dit à St-Bazeille durant les mois d'Aoust, Septembre et Octobre derniers passés. Donné à St-Bazeille, le cinquième jour de décembre mil cinq cent quatre vingt et cinq.

HENRY.

—

B. 2931. — Un arriéré de gages de La Caze, gentilhomme de la chambre du Roi de Navarre.

De par le Roy de Navarre,

A nos amés et féaulx, conseillers les gens de noz comptes à Pau, salut. Nous voulons, vous mandons et ordonnons, qu'en procédant à l'audition et examen des comptes que rendra par devant vous de l'année mil cinq cent quatre vingt cinq, nostre amé et féal aussy conseiller, trésorier et receveur général de noz maisons et finances, Me Vincent Pedesclaux, vous ayez à passer et allouer en la dépense d'icelle, sans aulcune difficulté, la somme de cinquante escus sol qu'il a payé par nostre exprès commandement à nostre cher et bien amé, le s^{r} de La Caze, le jeune, l'ung des gentilshommes de nostre chambre, sur son estat de la dite année duquel il nous a servy. Donné à Nérac, le xxbii^{e} jour de décembre mil cinq cent quatre vingt sept.

HENRY.

Veu par

DUPLESSIS.

DE LOMÉNIE.

P^{r} le sieur de La Caze, le jeune, gentilhomme de la chambre de Sa Majesté, sur ses gaiges de *l'année 1585*.

—

B. 3012. — *Siège de Montauban*

Gratifications accordées par Henri de Navarre à des soldats et gentilshommes blessés et malades.

Estat et rolle des deniers paiés par Me Macé-Duperay, conseiller, trésorier général et receveur général des maisons de finances du Roy de Navarre, par exprès commandement de Sa Majesté.....

Premièrement :

Aus srs Gallois, Cachin et Le Rocher, chevaulx légers de la compaignie du Seigneur Roy, qui sont demeurés blessés au dit lieu de Montauban, à chacun douze escus sol.

A Du Prat et Setchault, archers des gardes de Sa Majesté, 20 escus sol qui sont aussi demeurés blessés qui est à chacun 10 escus sol ; au caporal La Ryunie, 6 escus sol; à Launay, Laplanche et Lavigne aussy blessés, 6 escus sol.

Au sr Pierre Pillet, aultre soldat blessé, 6 escus sol ;

Au sr Des Angles, gentilhomme de Normandie, demeuré malade, 15 escus sol.

Au sr de La Bruyère, le cadet, aussi gentilhomme de la Normandie, pareille somme de 15 escus sol ;

Au sr de La Chauvry, gentilhomme, aussi demeuré malade au dit lieu, 60 escus sol.

Au sr de Comprainville, gentilhomme, aussi demeuré malade, 15 escus sol.

Au sr de Mandurat, *mathématicien*, qui

est pareillement demeuré malade au dit lieu, 15 escus sol.

Au s[r] de Longchamps, gentilhomme, demeuré malade, 15 escus sol ;

Au s[r] de Hardouville, gentilhomme, aussy malade, 15 escus sol ;

Au s[r] de Pont-Normand, aussi gentilhomme, demeuré malade, 15 escus sol.

Au s[r] Du Pré, gentilhomme, aussi demeuré malade au dit lieu, 15 escus sol.

Au s[r] de La Houssaye, aultre gentilhomme, aussy demeuré malade, semblable somme de 15 escus sol.

Au sieur de La Ferrière, le dit jour, au dit lieu, la somme de cent escus sol, aussi dont Sa Majesté lui a faict don.

Au sieur Doyns, écossais, le dit jour, au dit lieu, la somme de cinq cent escus sol à luy ordonnés par Sa Majesté pour l'entretiennement de sa compagnie.

Au sieur de Drouet, le dit jour, au dit lieu, la somme de trente escus sol dont aussi Sa Majesté luy a fait don.

Au sieur de La Chesnai, l'aisné, aussi du dit jour, au dit lieu, pareille somme de trente escus sol ;

Au cappitaine Mazelières, l'aisné, le xiiie jour du dit mois d'octobre, au lieu de La Rochelle, la somme de quarante escus sol dont Sa Majesté luy a faict don.

Au cappitaine Ontre, au dit jour, au dit

lieu, de La Rochelle, deux cent escus sol dont Sa Majesté luy a aussi faict don.

Au sieur de Sainct-Martin, le xiiie d'octobre, au dit lieu de La Rochelle, la somme de six vingt dix escus sol dont pareillement le dit seigneur Roy luy a faict don.

A sieur de Burce, le dit xiii octobre, au dit lieu, la somme de cinquante escus.

Au sieur de Parme, le dit jour, au dit lieu, la somme de cinquante escus sol.

Aû sieur de Loresse, au lieu de La Rochelle et à Ste-Foy, la somme de deux cent escus sol.

Au sieur de Fiquières, le jeune, le dit jour, la somme de trente escus sol.

Au sieur de Matticoulom, le xbiii^{e} jour du dit mois, la somme de cent escus sol.

Au sieur de Maignan, le xix du dit mois d'Octobre à Montlieu, pareille somme de cent escus sol.

Au sieur Des Aucher, le jeune, au dit lieu, le dit jour, la somme de cent escus sol.

Au sieur de Proux, le dit jour au dit Coutras, la somme de trente escus sol.

A Senairo, chevaulx-léger de la compagnie du Roy, la somme de six escus sol.

Au sieur de Boisterne qui estoit blessé le dit jour, au dit lieu, la somme de vingt escus sol dont sa Majesté luy a faicj don.

Au sieur marquis de Pienne qui estoit prisonnier la somme de cent escus sol.

Au sieur de Talonville, le xxbii^{e} d'octobre, à Saincte-Foy, la somme de cinquante escus sol dont Sa Majesté luy a faict don.

Au sieur Sourdeval, le dit jour, au dit lieu de Saincte-Foy, la somme de cinquante escus sol dont aussi Sa Majesté luy a faict don.

Au sieur de la Fautrière le dit jour, au dit lieu, pareille somme de cinquante escus sol.

Au sieur de Pucheron, le dit jour, au dit lieu de Saincte-Foy, la somme de cent escus sol.

Au sieur de Coulombière, le dit jour, au dit lieu, pareille somme de cent escus sol.

Au sieur d'Argentend, guidon de Monsieur le comte de Soissons, la somme de deux cent escus sol.

Au cappitaine Outre, écossais, le dit jour xxbii^{e} d'octobre, au dit Saincte-Foy, la somme de cent escus sol.

Au sieur Du Chesne, le dit jour à Saincte-Foy, la somme de cent escus sol.

Au sieur de Puignon, aussi le dit jour, au dit lieu, pareille somme de cent escus sol.

Au sieur de Valliros, le jeune, semblable somme de cent escus sol, dont Sa Majesté luy a faict don le 2 novembre à Nérac.

Au sieur de Drouet, le dit jour, au dit Nérac, la somme de soixante escus sol dont Sa Majesté luy a faict don.

Mandement. De par le Roy de Navarre à nos amés et féaulx, conseillers, les gens de nos Comptes à Pau, salut. Nous voulons, vous mandons et ordonnons que ce compte que rendra M. Macé-Duperray, nostre amé et féal conseiller et trésorier receveur général, du faict de sa charge et recepte de la présente année, vous ayez à luy passer et allouer en la mise et dépense d'iceulx la somme de quatre mille quatre cent quarante-six escus sol, à quoy montent et reviennent toutes les parties et sommes et deniers contenus et déclarés au présent estat et rolle qu'il a payés par nostre exprès commandement aux personnes nommées en icelluy, ainsi qu'il est tiré hors ligne sous leurs noms aus quels nous avons faict don pour les causes contenues en chacun des articles du présent estat, car tel est nostre bon plaisir. Donné à Nérac, le xiiie jour de décembre mil cinq cent quatre-vingt sept.

HENRI.

Par le Roy de Navarre,
DE VISCOSE.

De par le Roy de Navarre,

A nos amés et feaulx conseillers les gens de nos comptes à Pau, salut. Nous voulons, vous mandons et ordonnons qu'en procédant à l'audition, examen et closture du compte que nostre amé et féal aussy conseiller, trésorier et receveur général de nos maisons de finances, Me Macé-Duperay, rendra par devant vous du faict de sa charge et recepte de la présente année, vous ayez à luy passer et allouer en la mise et despense de icelluy la somme de *trois cent seize escus sol* qu'il a payés à chacun des desnommez au présent estat et *rolle* par nostre exprès commandement, aus quels nous avons ordonnés les sommes tirées hors ligne soubs leur noms, icelluy pour leur *donner moien de se faire guérir de leurs blessures et maladies* ainsy qu'il est déclaré tant en l'institulation qu'en chacun article de son dit estat et rolle, sans qu'il soit besoing au sieur Duperay pour l'allocation des dites sommes montant et revenant ensemble à la dite somme de trois cent seize escus sol autres acquit et mandement que le présent et les quittances des dits desnommés au rolle tant seulement, car tel est nostre plaisir. Donné à Nérac, le dernier jour de febvrier mil cinq cent quatre vingt huit.

HENRY.

Veu par
DUPLESSIS.

DE VISCOSE.

—

B. 2886. — Mort du duc de Joyeuse, tué au dit champ de bataille de Coutras. — Gratification à des gentilshommes.

Premièrement. — Au Sieur de *Chamberet*, le jeune, le 1er jour du mois d'octobre à La Rochelle, la somme de cent escus sol dont Sa Majesté lui a fait don.

Au Sieur de *Bonnières*, le XII du dit mois, au dit lieu, la somme de huit vingt quinze escus sol dont Sa Majesté lui a faict don pour luy aider à dresser sa compagnie.

Au Sieur *de Lus*, le XIIIe jour du dit mois, au dit lieu, pareille somme de cent escus sol dont Sa Majesté lui a aussi fait don.

Au Sieur *Du Faget de Sainte-Colomme*, le dit jour, au dit lieu, la somme de cent escus sol dont Sa Majesté lui a fait don.

Au Sieur de Brassens, le dit jour, au dit lieu, pareille somme de cent escus sol dont aussi Sa Majesté lui fait don.

Au Sieur de Cherville, le dit jour, au dit lieu, dont aussi Sa Majesté lui a fait don la somme de cent escus sol.

Au cappitaine Raton, exempt des gardes du Seigneur Roy, la somme de vingt escus dont Sa Majesté luy a faict don.

Au jeune Bachouer, archer de ses gardes, la somme de vingt escus sol de laquelle Sa Majesté luy a faict don le Xiiii[e] d'octobre à La Rochelle.

A Menuteme, aussy archer de ses gardes, la pareille somme de vingt écus sol.

Au Sieur Oyhambure, guide de la compagnie des chevaulx légers du dit Seigneur Roy, la somme de deux cent escus sol à luy ordonnés par Sa Majesté pour distribuer à ceulx de la dite compagnie, le dit jour, au dit lieu.

Au Sieur du Reu, maréchal des logis de la dite compagnie, la somme de cinquante escus sol.

Au *vicomte de Macay*, le Xiii[e] d'octobre à La Rochelle, la somme de cent escus sol.

Au Sieur *Maron*, secrétaire de feu Monsieur le Duc de Joyeuse, la somme de cent escus sol dont Sa Majesté luy *a faict don pour conduire le corps du dit Joyeuse à Paris qui avoit esté tué au dit Coutras*.

Somme totale du présent état quatre mille quatre cent quarante six escus sol.

Donné à Nérac, le xiiie jour de décembre mil cinq cent quatre vingt sept.

HENRY.

Par le Roy de Navarre,

DE VISCOSE.

B. 2656. — A Estienne Robin, nostre mercier, pour *ung cheval* que nous avons acheplé de luy, la somme de *14 écus sol*, car tel est nostre plaisir. Donné à *Pau*, le 16e jour de Janvier mil cinq cent quatre vingt quatre.

Veu par,
DUPLESSIS.

Henri III de Navarre accorde un secours à Jean Saugrin, *libraire à Pau.*

De par le Roy de Navarre,

A nostre cher et bien amé, Me Ramond de Montesquieu, receveur du fiscq de nostre pays, salut. Nous voullons, vous mandons ordonnons que des premiers et plus clairs deniers provenus ou qui proviendra de vostre charge et recepte, vous payez et déliyrez comptant à nostre bien amé Johan Saugrin, libraire de nostre présente ville de Pau (1), la somme de quatre vingt dix francs bourdalleys,

(1) M. Louis Lacaze, ancien sous-inspecteur de l'Enregistrement, président de la Société des sciences, lettres et arts de Pau, nous dit dans son important travail : *Les imprimeurs et libraires en Béarn* : Jean Saugrin, né à Ferrières-Haut-Clocher, près Evreux, en 1518, vint ouvrir une boutique de librairie à Lyon et y épousa en 1558 Claudine Vallet. A la mort de sa femme, il s'établit à Pau où, le 24 juin 1576, il se maria devant M. La Taulade, pasteur, avec Claude Seronne de Cusset en Bourbonnais et enfin on trouve dans les actes des Notaires de Pau un contrat de mariage passé le 1er juillet 1581 entre *Meste Johan Saugrin, libraire à Pau et Magdeleine de Saut*, habitant la dite ville « M. Pierre Gelis Didot, architecte à Paris, est un des descendants de Saugrin qui fut le fondateur de la grande famille des libraires-imprimeurs de ce nom, qui dès la fin du XVIIe siècle prirent à Paris une place marquante dans l'exercice de cette profession. »

de laquelle nous lui avons faict et faison don par la présente en considération de sa *vieillesse et pauvreté et pour luy donner moyen de s'acquitter* de pareille *somme envers ses créditeurs.*

Donné à Pau, le Xbiii[e] jour d'Octobre l'an mil cinq cent quatre vingt et quatre.

HENRY.

Veu par

LALLIER.

—

B. 2730. — A nostre bien amé Pierre Juglet, nostre controleur ordinaire de nostre maison, la somme de *cinquante escus sol* que nous luy avons ordonnés et ordonnons pour ceste présente signée de nostre main *pour un cheval noir* qu'il nous auroit vendu pour la dite somme, duquel nous aurions fait *don* à *Margontier*, *nostre garde-vaisselle*, en récompense d'un austre qu'il auroit perdu à nostre service......; car tel est nostre plaisir.

Donné à Pau, le XXe d'Octobre mil cinq cent quatre vingt et quatre.

HENRY.

—

B. 82. — A un messager de La Rochelle, *12 livres tournois* de laquelle somme Sa Majesté lui *a fait don pour sa* dépense et celle qu'il *a du faire de Bayonne jusqu'à Pau pour achat de* DEUX PERROQUETS *et aussi* pour s'en retourner au dit lieu de La Rochelle, 1583.

Au Trésorier qui a payé à une lingère de la ville de Pau, 30 sols pour *une chemise fournie* à Toumiu, fou du Roy, par ordonnance des maîtres d'hôtels.

A un tailleur de la ville de Pau 25 sols tournois pour façon d'un *pourpoint* pour le dit Toumiu.

Au Trésorier qui a payé à deux filles la somme de 5 livres pour *avoir porté l'eau à l'office du Roy* durant le séjour de Sa Majesté *à Pau*, juillet, août et septembre 1583.

A Robert Remy, concierge du château de Pau, 6 livres 17 sols tournois à luy ordonnés tant pour avoir fait « *racoustré les chemises de Sa Majesté que pour celles fournies* pour les *tourne-broches* du dit Seigneur Roy estant demeuré à Pau », comme appert par les constations des maîtres d'hôtels, contrôleurs.

A Bertrand de Clarmon, de la ville de Pau, 30 sols tournois pour avoir *racommodé le carrosse du Roy*, par ordonnonce de Me d'Espalungue, maître d'hôtel.

A Bernard, valet des chiens épagneuls du Seigneur Roy, 60 sols tournois pour aller mener les chiens à Hagetmau.

Au Trésorier qui a payé à l'Espagnol, laquais de Sa Majesté, la somme de 20 sols tournois à luy ordonnés pour MENER L'OURS *du* Roy de *Tartas* à *Hagetmau*.

—

Travaux de défense du Château de Belloc (en Béarn.)

B; 2734. — De par Madame la Princesse, régente. A nostre cher et bien amé, Me Estienne de Cimetière, thrésorier de Béarn,

Salut. Ayant faict venir en nostre conseil le mandement du sieur de St-Gehyes, lieutenant général du Roy, nostre très cher et très honoré seigneur et frère, du xbiie d'octobre dernier passé cy attaché au présent, les mêmes considérations en icelluy déclarées et autres. Au nous mouvans, nous voulons, vous mandons et ordonnons, en vertu de nostre pouvoyr, que vous ayez à payer, bailler et délivrer comptant aux habitants du lieu *de Belloc*, la somme de cent cinquante francs et icelle prendre sur le payement qu'on faira de ce qui reste à estre encore dû des affermes du molin et de la baylie dudit lieu de *ribe gabe* pour la dite somme estre employée à la *réparation du château de Belloc*. Ordonnons ainsy le faire sans aucune difficulté, car tel est le plaisir du Roy, nostre *frère et moi*.

Donné à *Navarrenx*, le *XXbiiie jour de décembre* l'an mil cinq cent quatre vingt et cinq.

CATHERRINE DE NAVARRE.

Veu par nous,

SAINT-GENYES.

DE MESPLÉ.

Le seigneur de Saint-Genies, lieutenant général du Roy, représentant sa personne et celle de Madame sa sœur.

A Me Estienne de Cimetière, trésorier de Sa Majesté en son pays souverain, Salut; Estant venu en ces lieux pour visiter *la frontière par commandement de Madame et suivant* le devoir de nostre charge et par mesme *moien pourvoir à la deffense du pays*, ayant visité le château de ce lieu, avons ordonné aulx habitants d'icelluy de le mestre en estat de déffense, afin que les voisins ne s'en emparent. Sur quoy, les habitants nous ayant fait voir occulairement la grande despense qui est requise d'y faire, insupportable à eulx, néanmoins leur avons enjoincts, toutes excuses cessantes, qu'ils eussent à faire nostre commandement. Et après avoir considéré la charge et despense qui leur convenoict faire, *nous leur avons accordé cent cinquante francs* de laquelle somme le Roy leur doit ayder, à prendre sur ce qui reste à payer tant des affermes du molin affermé par Johannot de Caresse, que de la baylie du dit lieu de rive-gabe affermé par Me Françoys d'Espelette et Johan de Pillan.

Fait à Beigloc, le Xbii de Octobre mil cinq cent quatre vingt et cinq.

SAINT-GENYES.

Par commandement de mon dit seigneur, lieutenant général,

DE MIRASSO.

—

B. 2831, — A nostre cher et bien-aimé, le Capitaine Dubreuil, la somme de trente escus sol que nous luy avons ordonné et ordonnons par ces présentes *pour ung voyage qu'il va présentement faire pour nostre service et exprès commandement en lieu que ne voulons désigner ni spécifier*; .... car tel est nostre plaisir. Donné à La Rochelle, le XXe jour de novembre mil cinq cent quatre-vingt et six.

—

B. 2880. — Mandement du Roy de Navarre à ses amis et féaulx les gens de la Chambre des Comptes de Pau pour allouer en la mise des dépenses du compte de Me Macé-Duperray *la somme de cent escus sol payés par nostre commandement à nostre cher et bien-aimé, le sieur de Chamberet, le jeune,* gentilhomme de nostre chambre, auquel nous avons *fait don pour qu'il ait plus de moyen de s'entretenir près nostre personne.*

Donné à La Rochelle, le quatorzième jour d'Aoust mil cinq cent quatre vingt sept.

—

E. 2007. — Patente d'Henri III de Navarre, Seigneur Souverain de Béarn, par laquelle il fait. « donation cession et franc trans- « port de toute sa maison vulgairement appelée du Général, située au faubourg de la ville de Pau, près la grande fontaine » en faveur de Suzanne de Bourbon et Henri d'Albret, seigneur de Miossens, son cousin.

Donné à Pau, le 27e jour de Novembre 1587.

—

B. 2901. — Mandement pour la maison d'Esther Imbert, Dlle de Boislambert, maitresse d'Henri IV.

De par le Roy de Navarre,

Nos amis et féaulx les trésoriers généraux de noz maisons de finances présents et advenir, chacun en l'année de son exercice, salut. Nous voullons et vous mandons que des deniers de vostre charge et recepte vous payez, baillés et délivrés comptant *par chacun an* à Demoiselle *Esther Imbert*, ou procureur pour elle, la somme de *deux mille escus sol évalués à six mille livres tournois*, payables de *quartier en quartier et par* advance de la sommo de cinq cents escus chacun, que nous avons ordonnés et ordonnons par forme *de pension pour la nourriture et entretiennement de nostre fils naturel et d'elle, avec leur suite de maison, fournitures et servantes*, ainsy qu'il est contenu en l'estat signé de nous et y attaché : Et en rapportant le présent mandement ou le double d'icelleuy, dûment collationé avec le dit estat et quittance de la dite Esther sera suffisant seulement Nous voullons allouer à nostre trésorier général appartiendra estre tenu quitte et déschargé de la dite somme ou de ce qui payé et baillé aura esté à la cause et raisons sus dit en la dépense de ses comptes par nos amés et féaulx les auditeurs d'iceulx auxquels mandons ainsy le faire sans difficulté; car tel est notre plaisir, non obstant tout règlemens, ordonnances et autres choses contraires auxquels à la dérogatoire de la dérogatoire y conteuues, nous avons dérogé et dérogeons par *ceste présente pour ceste foys seulement et sans tirer à conséquence*. Donné à La Rochelle, le Xiiii[e] jour d'Octobre mil cinq cent quatre vingt sept.

HENRY.

Veu par le très exprès commandement de Sa Majesté.

—

Estat de la suyte et dépense que le Roy de Navarre a ordonné à Monsieur ...., son fils naturel, et à Demoiselle Esther Imbert, sa mère.

A Dame Jehanne Decours, gouvernante, cent livres ;

A la nourrice de mon dit fils, trois cents

livres ; à une fille de chambre, cinquante livres ; à deux servantes, chacune, trente livres ; à La Chapelle, varlet de chambre de Sa Majesté, pour la charge et la conduicte de sa maison, trois cents livres ;

A Desbonshomme, apothicaire de la dite Majesté, pour exercer son estat près de mon dit fils et de la dite demoiselle, cent livres. Toutes les quelles personnes, oultre les gages sus dits, seront défrayées de bouche par la dite demoiselle et pour cest effect lui sera baillé assignation par chacun à la somme de deux mille escus par an, payables par quartier et par advance. Faict à La Rochelle, le Xiiie jour d'octobre mil cinq cent quatre-vingt-sept.

—

B. 2910, — Quittance autographe d'Esther Imbert.

Pour servir de quittance à M. Macé-Duperray, trésorier général de la maison du Roy de Navarre, de la somme de *mil escus sol pour* demye année de la pension qu'il a pleu à Sa Majesté m'ordonner tant pour mon entretiennement que *celleuy de son fils naturel et de moy*, la dite demye année fenye le deouze jour de jung dernier. Fait à La Rochelle, le Xbiiie jour de juillet l'an mil cinq cent quatre vingt et sept.

Esther Ymbert.

—

B. 2734 et 2003. — Dépense payée à Me Jérome Vize, menuisier du Roy « *pour le palais du Roy en la maison de Lesca* (1), *en la présente ville de Pau*, s'élevant à la somme de quarante *trois livres*, à Pau, le XIIII° jour de janvier 1586.

D. LOYARD.

Jérome de Vize fut pourvu de l'état de maître d'œuvres et réparations du château de Pau en 1569; par ordonnance de Montgommery, lieutenant-général de Jeanne d'Albret. Il fit son testament, le 11 janvier 1580 à Pau alors qu'il était patenté menuisier, ingénieur et maître des réparations du roi de Navarre. Dans cet acte, il désire être enterré dans le cimetière du temple de Pau ; il déclare que le seigneur de Miossens, Henri d'Albret, lui doit 80 livres pour le plan du château d'*Haget-Aubin* ; qu'une somme de 150 livres lui est due par le roi de Navarre pour les

(1) La maison Lesca, appartenant à Henri IV, était située près le Temple de la ville de Pau. Henri qui ALORS n'était que Roi de Navarre, seigneur souverain de Béarn, ordonna, par lettres patentes de Nérac du 26 novembre 1585, que sur l'emplacement de la dite maison Lesca et sur le cimetière ancien y adjacent serait construit le palais. — Les travaux furent poussés avec une très grande activité ; car à la date du 13 janvier 1586 on trouve un acte écrit en langue Béarnaise constatant que de la Tour du Château de Pau on transféra la Chambre criminelle et la Chambre des Comptes et de la Cour souveraine de Béarn en la maison du Roi qui devait à l'avenir être appelée *le Palais* (de hores en avant, aperade lo Palais).

Les corps judiciaires furent dès cette époque installés au Palais jusqu'en 1854 où ils furent transportés dans le palais actuel construit sur les terrains des Cordeliers. La ville de Pau avait acquis cet emplacement pour une somme d'environ cent mille francs et en fit don pour cette construction.

travaux et le plan du *moulin à poudre à Pau*; (2) il déclare que le feu sieur de Balher, conseiller de Béarn, lui doit 30 livres pour le plan de sa maison; il rappelle qu'il n'a pas été payé de quatre arcs de triomphe destinés à l'entrée solennelle *d'Henri III de Navarre et de la reine Marguerite*. Il institue sa femme Marie *de Barthéty, de Lescar*, son héritière universelle.

Fait au *Château de Pau*; témoins : Pierre Proust, horloger, Arnaud Cabrery, peintre; Gabriel de Piets, menuisier.

—

B. 3020. — Ordonnance datée de Montauban, le XXii^e janvier 1588, à Vincent Pedesclaux, conseiller trésorier général des deniers de l'extraordinaire de la Guerre, pour payer, bailler et délivrer comptant au S^r de *Manes* la somme de 50 écus sol « pour luy donner moyen de « s'entretenir à nostre suite, où il a été assi- « dument depuis la présente guerre.

HENRY.

Quittance.

Pour servir de quittance à M. Vincent de Pédesclaux, trésorier et receveur général de l'extraordinair de la Guerre près la personne du Roy de Navarre, de la somme de cent escus sol.

Fait à Montauban, le XXii^e de janvier mil cinq cent quatre vingt huict.

plus bas.
Pour singuante égus sol.

MANES.

(2) Le moulin à poudre avait été installé dans la tour de la Monnaie par *Jeanne d'Albret*.

B. 515. — De quelques fournitures faites au château de Pau en l'année 1589 :

A Johan de L'hostau, sarrailher, per ung crochet per arrestar la rode d'eu puts pesans très livres mieye, 15 livres, 1 denier.

A luy pour une sarrailhe à bosse pour la crampe de *Mad[elle] d'Arros* et ung verrouilh à targete, 1 livre 6 deniers.

A luy per habet alengat ung grand laudet qui es à la crampe and couchera Mr de Castelnau, 12 livres.

A Pislot, pour couvrar lo pignon de la tora ound ere *lo moulin à poudre*, ung escut petit.

A François de Latoutitre per dus barricots per mette pouldre per *l'armade qui anabe au* secours de *Montlezun*, 6 livres.

A Johan de Lhostau, sarrailher, per habet feyt sieys crampons à la crampe de *Madame d'Andoins*, six sols.

A luy per habet lhebat la sarrailhe du cabinet de Madame de La Barre et refeyt la garniture, cinq sols.

A luy per deus grandes cabilles et oune branque d'ou pont levis, pesan nauf livres.

A luy per *authe* clau et refeyt la garniture de la sarrailhe d'ou cabinet de Madame de Tigonville, douze sols.

A luy per habet accostrat la sarrailhe, refeyt la garniture, accoustrat *la verouilhe à la porte de la crampe de las filles, et authe clau* à la sarrailhe de la crampe de Madame de Paugias, ensemble, soixante quinze sols.

A luy per habet feyt deus claus, une à l'armari deu garde bahut et l'autre à l'armari *d'ou potages* de Madame Catherine, et refeyt los garnitures, douze sols.

A luy per une sarraille qui a feyt ab *ung verouilh à la porte qui mane d'ou bout de l'escaler qui tire à la monede*, une livre.

Les réparations, d'après le rôle des dépenses, s'élèvaient « *à treize cent quarante sept livres, sept soos, seys deniers.*

—

B. 2009. — Fait dépense de la somme de 2,500 écus, par mandement de Catherine de Navarre, pour remboursement à Guillaume Lamy, maître des monnaies de Béarn, pour dix milliers de poudre fournis à l'armée du maréchal de Matignon, par obligation passée devant Guillamy, notaire de Pau, en 1591.

—

B. 3090. — Payé à Jérôme Vise, menuisier, pour une inscription placée sur un rocher des Eaux-Chaudes en l'honneur de Catherine, princesse régente de Navarre, la somme de 12 livres, ainsi qu'il appert de la taxe qui en a été faite, année 1591.

—

B. 3094. — Payé à Me Ramond de Camou, la somme de 3 francs bordelais, 5 sous pour avoir employé trois jours à porter des lettres à Madame la princesse Catherine à *Eaux-Chaudes* pour les affaires du Roy et plus la somme de 3 francs bordelais pour un messager *de Bayonne* qui a transporté *cent tortues* audit lieu d'Eaux-Chaudes pour la princesse, par mandement signé Du Pont, daté de Pau, le 6 juin 1591.

A Gaynirou, de Sainte Colome, trois francs bordelais et demi pour chasser et prendre *les loutres* qui *mangent les poissons dans les canaux* du jardin du Roy, laquelle somme sera payée par Ramond Camou, receveur du fisc à Pau le 19 janvier 1591, mandement signé Du Pont.

A Guillaume Lamy, la somme de 500 livres tournois pour confection d'un certain nombre de *jetons d'argent* des quels Madame la princesse Catherine a fait *don à la Chambre* des comptes de Pau, ainsi qu'il appert par la quittance de Lamy, datée de Pau le xxiiii juin 1590.

A la dame Anne Duprat, épouse de feu de Salettes, quand vivait gouverneur de l'île de Marennes, la somme de 1,333 écus sol 23 livres pour achat par Henri IV de deux diamants à la dite dame Prat que le Roi dispose à sa volonté, ainsi qu'il appert par acte signé de la main d'Henri IV et portant quittance de Anne Duprat le dix-septième jour d'octobre 1590.

—

B. 166.—A demoiselle *Gabrielle*, fille du sieur d'Estrée, (1) la somme de *cinquante mille escus*

(1) Gabrielle d'Estrée avait 18 ans lorsqu'elle épousa Nicolas d'Armenval, sire de Liencourt, âgé d'environ 36 ans. Un procès en divorce eut lieu devant l'officialité d'Amiens et le mariage fut déclaré nul le 7 janvier 1595 par François Roze, official d'Amiens. (Voir Revue Historique 1886 par M. Desclozeaux. Le mariage et le divorce de Gabrielle d'Estrée.)

sol de la *quelle en considération des services que Sa Majesté* a reçu et reçoit chaque jour du dit sieur d'Estrée et *des siens* et pour le récompenser des pertes par lui souffertes à l'occasion de ceux de la Ligue pour le service du défunt Roy et de celui de Sa dite Majesté et lui donner moyen *de colloquer la dite demoiselle sa fille en tel lieu* qu'il désire et principalement en *faveur du mariage* qu'il entendait faire d'icelle avec le sieur *Liancourt*, la dite Majesté a fait don à icelle demoiselle pour être employée, de la quelle Sa dite Majesté aurait dès lors destinés à l'achat d'*une terre* et habitage qui sortiront nature de propres à elle et aux siens de son coté et lignée et sans qu'elles entrent en la communauté du dit mariage en sorte quelconque, ainsi qu'il appert par le mandement du dit Seigneur Roy du dernier d'avril 1592.

—

B. 167. — A Demoiselle Elisabeth de Pas, gouvernante des filles d'honneur de la princesse Catherine de Navarre, la somme de 2,210 écus, 40 sols tournois restant de la somme de 4,000 écus que le Roy de Navarre lui aurait *fait don en considération des services qu'elle aurait rendus*, ainsi qu'il appert par le mandement adressé à tous les trésoriers généraux de la Maison de Navarre du 24ème jour du mois d'avril 1591.

A Marguerite, reine de France, la somme de cinquante mille écus sol que le roi Henri IV lui a *fait don* pour *plusieurs grandes et importantes raisons*, ainsi qu'il appert par un mandement de Sa Majesté.

A Jean Gontelle, l'un des sommeliers du goblet du Roi, la somme de 200 écus sol *en considération de ses bons services depuis quinze ans* et aussi pour avoir fait le logis pendant l'année 1590 de M. le duc de Bouillon tant en Gascogne que quand ledit Bouillon vint trouver le Roi en son camp et armée de Chelles.

Don du roi Henri IV à Charles de Gontaut, duc de Biron, maréchal de France, de *mille écus sol pour l'aider* à supporter les grands frais qu'il est contraint de faire par chaque jour près sa personne; ainsi qu'il appert par quittance du 17ème jour d'octobre 1594.

—

B. 163. — A Madame la Comtesse de Guiche 20,000 livres tournois revenant à 6,666 écus sol, 12 livres qu'elle aurait en partie mis en propres mains de Sa Majesté et le reste fourni en affaires et voyages ordonnés par la volonté du Roi par personnes que Sa Majesté, n'a voulu être aucunément nommées et spécifiées, ni qu'il en fut fait mention en la redition de ses comptes parce que *Sa Majesté en était très* BIEN *mémorative*, par mandement du 23 du mois de février 1589.

—

B. 3083. — *Fortification de Navarrenx* avec partie de la vente d'arbres de la forêt d'*Ossés en Navarrenx.*

De par Madame, sœur unicque du Roy, régente.

A nostre cher et bien amé, Mr Guicharnaud *de Casemajour*, trésorier général pour le Roy, nostre très honoré seigneur et frère, en son Royaume de Navarre, Salut. Nous voulons, vous maudons et ordonnons que la somme de *dix mille livres tournois* provenant de la *coupe* et *vendition* que nous avons *naguars ordonnancée estre faicte en la forest d'Ossès*, en la quelle vous devez recepvoir pour icelle employée *en réparation nécessaire en la ville de Navarrenx* et autres choses qui regardent le service du Roy, nostre seigneur et frère vous baillez, payez et délivrez au sieur DE GARRO la somme de DEUX MILLE LIVRES, *c'est assavoir* : des deniers qui proviendront du premier terme de la dite vendition, la somme de *mille livres*, et de ce qui proviendra aussy du second terme, *pareille somme* de *mille livres* dont pour certaines *bonnes et justes considérations qui regardent le service du Roy, nostre seigneur et frère, tant seullement nous luy avons faict et faisons* DON PAR CES PRÉSENTES ; Et quant à vous rapportant avec ces présentes, quittance dudit sieur Garro de ladite somme de deux mille livres, nous voulons icelle estre passée et allouée en la mise et despense de vos comptes desduites et rabatues de vos receptes par noz chers et bien amés les auditeurs directs ausquels nous mandons ainsy le faire sans aucune difficulté, car *tel est nostre plaisir*.

« Donné à Pau, le XXIXe jour d'Apvril mil cinq cent quatre vingt onze.

CATHERRINE DE NAVARRE.

Quittance du sieur de Garro

Pour servir d'acquit à M. Guicharcraud de Casemajour, trésorier et recebeur général au Royaume de Navarre, deça port, de la somme de *mille livres tournois* que j'ay retirée de luy sur et tant au moins de la somme de *deux mille livres* que *Madame* (Catherine) m'a *faict don* sur la *coupe de vingt mille pieds d'arbres vendus au boys d'Ossés* (1) pour le prix et la somme de *dix mille livres tournois* de laquelle somme de mille livres tournois estant payée et l'acquit faict à Garro le vingt et ung de Juing mil cinq cent quatre vingt douze.

DE GARRO.

—

B. 5397. — Envoi de 50 jambons et oies salées à Henri IV par la chambre des comptes de Pau.

M. Du Pont (Procureur général) à M. de Jasses (demeurant) à Jasses. » « Monsieur, nous avons reçu commandement du Roy de lui envoyer des *jambons et oies salées le plustôt qu'il sera possible*. Je vous supplie mande à vostre ami en Navarre qu'il achete *cinquante jambons* et vous les faire porter à Jasses' et vous leur pourrez donner adresse dans ceste ville.

. . . .

Pau, ce 27 Mars 1606.

Vostre plus offectionné serviteur.

DU PONT.

A M. de Garris. « Monsieur, je bos anbuye les *cincante jambous* que bais en très cargas et dus banastras, bint y en autres dus detz veyt y en lo dus petitz lotze, que passat toutz pessan dus cents quaranta y seis libras, car ni ceras y costan a detz

(1) Le contrat de vente passé entre Catherine, régente de Navarre, et le sieur Tristant de La Coague, marchand à Bordeaux, stipule 20,000 chênes, à raison de *40 sols tournois* pour chaque pied *d arbre*.

sos la libra, que balen *cent bint y très libras, dets sos* que y no pensaria trobar entot la Freance autans, à dotze sos y ansi bos puyrets anbuyer à diser ans à Mesius de la Sambra coma son effort bous y beos per tremeter sin reprocha. Quant es question de argant, jo no poudri recobrar de las personas que deven, mes tan les que je puesca y nos mancare de portar ce que sera possible, que a la bertat yo no soy en tanta pena en ma persona que yo no me creyné ques caussa lo retar dament que me féneus que verret y aussi yo no sabira desir autre chossa an présant si no que me baillatz tenir per esqusse y bos demorant. »

V^{le} plus humble y afficione serviteur. bos bessant los mans.

Joan de Echessary

A Monsieur de Garris, le 6 Abril 1606.

En l'autre part du manuscrit, on lit :

Les 50 jambous pessant 246 livres à 10 s. balen.......................... ..... 123 livres
Las banatras costan 2 livres.... 2
Lo port enquio à Jasses coste 4 livres........................... 4
Lo port à Pau................. 1

130 livres

—

B. 176. — Payé à Jacques de Harlay, pour être remis en mains de M. le Duc de Bar, la somme de 12,000 livres, laquelle somme le Roy de Navarre *luy a fait don*.

A François Parent, lecteur du Roy en l'université de Paris, 800 livres; à Dame d'Estrées, comtesse d'Orbec, veuve de Jean Monluc, Sieur Balagny, maréchal de France, 44,000 livres.

Autre don du Roy à M. de Lons, grand maître de l'artillerie, 2,000 livres; à Jeanne Rabel, fille de la deuxième nourrice d'Henri IV, deux cent vingt-cinq livres.

Compte arrêté en l'année 1607.

—

B. 3416. — Henri IV reconnait qu'il doit dix mille livres à son apothicaire. — Le conseil d'Etat de Navarre le condamne à payer 12,000 livres réclamées par le créancier.

Mandement du Roi de Navarre à Me de Pedesclaux, trésorier général de ses maisons de finances, ponr lui ordonner que des plus clairs deniers de sa charge il paie, baille et délivre comptant à *nostre cher et bien amé Raymond de la Liure*, l'ung de nos appoticaires et valet de chambre, la somme de *dix mille soixante dix sept livres, trois sols tournois par nous à luy dus de reste, tant de fournitures qu'il a faictes de son dit estat* pour nostre service durant les mois de janvier, fébevrier, mars, april, may, juin et juillet de l'année dernière passée, que *pour ses gaiges*, ainsy qu'il appert par les certificats de Me Macè-Duperray, aussi trésorier général de nostre maison des finances. Donné à Nérac, le 14e jour de may mil six cent cinq.

HENRY.

Extrait du registre du Conseil d'Estat et privé de Navarre.

Il est ordonné à Me Paul Legoux, trésorier

général de la maison de Navarre et autres domaines du Roy, de payer et délivrer comptant à Raymond de La Liure, valet de chambre et appothicaire du Roy, la somme de *douze mille livres tournois, nonobstant les défenses qui luy ont esté cy devant faictes* par arrest du conseil du dernier octobre 1606.

Fait en conseil du Roy tenu à Paris, le huitième de Mars mil six cent sept.

PHILIPPE DE MORNAYE.

—

B. 2378. — Nomination d'un Secrétaire ordinaire du Roy de Navarre. — Mandement d'Henri III.

Henri par la grâce de Dieu, Roy de Navarre, Seigneur Souverain de Béarn, des terres de Domezan, Laubourdin et ancien duc de Vendosme, Beaumont et d'Albret, comte de Foix, à tous ceux que ces présentes verront, salut. Scavoir, faisons que pour la longue expérience et le témoignage que nous avons de l'intelligence et cognoissance que nostre amé et féal Conseiller et Secrétaire ordinaire, Me Martin Jouye a depuis vingt ans aiguisé au service de noz prédécesseurs et nostre en noz affaires es finances et a plein confiance de ses sens suffisante fidélité avec laquelle il a longuement faict services à la déffunte Royne, nostre très honorée Dame et mère, en bonnes et importantes affaires le méritent à nous donnés, octrois, donnons et octroyons par ces présentes *l'estat et office de l'ung de noz Sécretaires de noz finances* pour d'iceluy doresnavant jouyre et exercer par le dit Jouye aux honneurs, auctoritez, prérogatives, franchises, libertez, gages droitz, fruitz, profitz et esmoluments accoustuméz et qui y appartiennent tant qu'il nous plaira si donnons et mandons à nostre très cher féal chancelier, le sieur de Glateux, que sans prendre aultre serment du dit Jouye que celui qu'il a devant faict ou prester à cause de son est de Sécretaire ordinaire iceluy mettre et instituer de par nous en possession du dit estat et office de nostre Secrétaire.... que doresnavant et par chascun an et à commencer de la présente année, payez, baillez et délivrez au dit Jouye semblables gaiges de *trois cents livres par an*, que noz aultres secrétaires des finances ont sur nos Estats; car tel est nostre plaisir. Donné à Nérac, xxbiii[e] jour d'octobre l'an mil cinq cent soixante dix huit.

HENRY.

—

Vol d'ornements d'église pendant les troubles religieux dans la ville *d'Urdos*. Requête à ce sujet et ordonnance rendue par Jeanne d'Albret en son conseil privé année 1571. — (Texte béarnais.)

Très humblement vous remonstrent vos pauvres et très humbles sujets et serviteurs, les manants et habitants de la vallée d'Aspe, disent que pendant les troubles advenus en votre présent pays et souveraineté de Béarn, les soldats avaient pris les calices, croix et autres ornements du temple en ladite ville d'Urdos et de ceux-là ont fait et déposé à leur plaisir et à leur volonté sans que rien y soit demeuré, n'y que vos pauvres sujets n'en aient aucun profit. Cependant un nommé Pierre La Borde, se disant avoir charge des gens de votre chambre, a fait prendre et emprisonner au corps certains de vos sujets jusqu'à ce que ceux-ci aient mis et délivré entre ses mains les dites croix, calices et ornements du dit temple, ce qui sera impossible pour les raisons sus dites aussi le dit La Borde vexe et moleste vos pauvres sujets et habitants du dit lieu d'Urdos en ladite vallée, pour les fruits premices qu'il en a perçus en l'an mil cinq cent septante bien que les dits fruits aient été la propriété des dits habitants ainsi que cela a été jugé et reconnu depuis par votre conseil ordinaire. Cela dit et exposé, nous prions Madame, de les acquitter des dites croix, calices et ornements dont la responsabilité pese sur les dits sujets et habitants du lieu d'Urdos et pour raison de tout ce qui précède, *imposer silence* au dit de La Borde ou tous autres qui appartiendra et vos pauvres sujets et habitants du dit lieu continueront de plus en plus à prier Dieu pour votre Etat, santé et prospérité.

Johan Dapiou du dit d'Urdos, « per bertat so-dessus. »

La Reine, par plusieurs bonnes et justes considérations en la touchant, a déchargé et décharge les dits suppliants des croix, calices et autres ornements du temple en la présente requête dénommés et impose silence à La Borde, ainsi qu'à tous autres qu'il appartiendra pour causes ci-dessus et lui fait défense de les poursuivre, vexer inquieter, ni molester maintenant ni à l'avenir en aucune manière par personne quelconque. — Fait au Conseil de Sa Majesté *tenu à Pau, le XIII*e *jour d'octobre 1571*, Messrs de Beauvoir, gouverneur de Mgr le prince et Francour, président, et autres présents.

Jhanne.

Les armées de Montgomery brûlent le monastère de *Sarrance*, en la vallée d'Aspe. Supplique à Jeanne d'Albret au sujet de matelas et traversins en plume volés.

A la Reine.

Madame, très humblement vous remontrent Johannot de Capdevielle, Gratian de Carrère et François de Lacazette du lieu de *Sarrance*, en la vallée d'Aspe, qu'après l'arrivée de M. le comte de *Montgomery*, M. D'Arros, votre lieutenant général, en compagnie de plusieurs gende guerre, il aurait été dit et déclaré que à leus retour au dit lieu de Sarrance ils bruleraienr le *monastère* et autres maisons; pour cettt cause, le même jour vers le tard les dits supplie cants enlevèrent du Monastère *23 ou 26 « cosne et traversins faits de plumes »* pour les consers ver et chacun d'eux en porta dans sa maison et les autres restèrent *sous la garde du Monastère*, le lendemain les gens de guerre mirent le feu au dit Monastère et aux autres maisons du lieu de Sarrance ce qui fait que les dits cosnes se seront brulés ou bien auront été pris et transportés par les dits gens de guerre sans que les pauvres supplicans les aient jamais depuis vus, n'y n'en aient eu profits, ainsi qu'ils offrent de le prouver par jurements cependant un nommé Maître *Pierre de La Borde*, habitant *Oloron*, aurait fait prisonnier les dits pauvres supplicants en ce qui concerne les cosnes et traversins et leur demande restitution, ou bien payer 250 francs, et comme ils sont prisonniers ils auraient été obligés de donner serment pour payer la dite somme ou ainsi qu'il a été dit de restituter les dits objets ce qui serait chose impossible pour la raison susdite. Cela entendu, Madame, et vu la pauvreté des dits supplicants qui n'ont commis vol ni fraude en la disparition des dits cosnes et traversins ayant au contraire voulu les soustraire au feu et au pillage, plaise à V. R. M. d'acquitter les sus-nommés des objets en question et d'imposer silence au dit de La Borde ou autres à qui il appartiendra et les dits supplicants continueront à jamais de prier Dieu pour votre Etat, santé et prosperité.

JOHANNOT DE CAPDEVIELLE et les trois supplicants.

La Reyne estant en son Conseil où a esté lu la présente requeste a ordonné et déclare, veult et entend que les dits supplicants soient quictes et deschargés des cosnes et traversins sans qu'ils puissent estre aucunement inquietés, ni molestés par persoune quelconque. Faict au dit Conseil privé à Pau, le xxiiie jour d'octobre 1571.

JHANNE.
DEMASELIÈRES.

—

B. 2370. — Henri III de Navarre accorde décharge de contributions au pays de Larssabeau (Larceveau), en Navarre, qui avait été pillé, ruiné, incendié par les armées de Jeanne d'Albret.

Réquéte,

Au Roy,

Supplient très humblement les pauvres, voisins, manans et habitans de vostre jadis ville de *Larssabeau*, en vostre royaume, disent que aux derniers troubles advenus en la Basse-Navarre, jadiz ville, auroit esté entièrement *pillée, saccagée et bruslée* par l'armée de la feue reyne de très-glorieuse mémoire soubs la conduicte de Messieurs *d'Arros et Montemat*, lieutenants généraulx à cause de leur grande misère, ruyne et totale destruction irréparable des dits pauvres suppliants des quels la plus part s'en est allée en Espaigne et ailleurs ne pouvant vivre, ils auroient eu recours vers la dite Royne et luy supplioient très-humblement au nom de Dieu d'avoir pitié des dits suppliants sur le payement des quartiers des années mil cinq cent soixante-huit et soixante-neuf montant à deux cent quarante livres les dites deux années.

A quoy Sa Majesté auroit respondu qu'il pourvoiroit en l'assemblée des Etats Généraulx prochain, et cependant enjoinct au général de ses finances de surseoir toutes poursuites faictes à l'encontre des dits suppliants, ainsy qu'il appert par deux appointements cy attachés aus moyens des quels les dits suppliants ont esté sans facherie jusqu'à présent qui sont poursuyvis pour le payement de *deux cent quarante livres* et ce à cause que Sa feue *Majesté mourut sans aller en Navarre tenir les Estats*, que sa dite Majesté entendait tenir, dont les dits suppliants ont demouré sans autre ordonnance ny provision. Et si Vostre Majesté sçavait la pauvreté et la ruyne des dits supplians et comme la dite ville a esté abandonnée des habitants et laissée pour déserte, Elle auroit pitié et compassion des dits supplians; car oultre les dits pilliage, saccagemont et bruslement il a *faict si cher vivre despuys que beaucoup sont mort de fain* et n'y a que six ou sep-qui ont commencé à rebastir.

Ce, considerée par vous la grande pauvreté des dits suppliants qui sont ruynés pour jamais, il vous plaise de vostre bénigne grâce quitter aux dits suppliants les dits deux cent quarante livres tournois pour les dites années de 1568 et 1569. La feuë Royne entendoit leur faire grâce, elle y estant sur les lieux, et en faisant enjoindre au général de vos finances de ne demander rien pour raison dite et les dits suppliants prieront Dieu pour vostre prosperité et santé.

De La Borda.
Joanes d'Eliciry.
Tristant de Pergniraut.

Nous, Henri, par la grâce de Dieu, Roy de Navarre, ayant faict veoir en nostre conseil la présente requeste et désirant gratifier les suppliants pour les considérations cy dessus, avons enjoinct et enjoignons aux trésoriers généraulx collecteurs et autres officiers qu'il appartiendra de surseoir toutes poursuites à l'encontre d'iceulx pour le regard du payement des sommes mentionnées en la présente requeste jusqu'à ce que par nous en ayt esté autrement ordonné. Et à ces fins sera la présente notifiée au dit trésorier et aux dits officiers qu'il appartiendra, les quels raportant icelle ou vidimus deument collationné aux certifications ou recognoissance des dits suppliants sera suffisante et seront tenuz quites et déchargés partout au faict de leurs charges.

Faict en nostre conseil tenu à Nérac, le xxbiij[e] jour de septembre mil cinq cent septante huit.

Henry.

Par le Roy de Navarre.

De Mazelières.

—

E. 1997. — Jeanne D'Albret donne l'affievement du moulin de Poyanne à Etienne, seigneur de Noton, pour la somme de 35 livres tournois pyables par an, moitié à la fête de Noël, à la St-Jean ou bien à l'une des fêtes susdites, selon le bon plaisir de ce dernier. et donne pleine jouissance à M. de Beyrie et faire et exécuter ce qui sera reqnis.

Fait à Pau, dans le bois de la gareune du château de Pau en présence de Claude Régin, évêque d'Oloron (1) Arnaud de Gontaud, d'Andoins, conseiller et chambellan du roi et reine, et moi Jean de Miramont, notaire de Pau, le 26e juin 1567.

—

B. 1520. — Henri IV demande à de Launay de lui envoyer deux cent écus pour ses menus plaisirs.

Au Launay ne faillés La présente reçue de bailler au Capne Mazelières, présent porteur, deux cens escuz que je luy ay comande ma porter pour mes menus plaisyrs et je vous en feray bailler descharge par mon trésorier à quoy m'asseurant que ne ferès faulte prie Le Créateur vous avoir en sa garde. de Lectoure ce premier jour de feuvrier 1578.

Vre bon maistre,

» Henry.

Au verso de la missive on voit deux adresses

(1) M. Claude Régin fut évêque d'Oloron de 1552 à 1580. Dans les comptes des dépenses de la commune d'Oloron Ste-Marie, on rapporte qu'il fut alloué 5 liards au crieur public pour avoir invité les habitants de la dite ville à se rendre au sermon de Claude Régin, évêque d'Oloron.

l'une faisant face à l'autre la lettre étant pliée.

Au Launay, mon trésorier d'Albret, à Nérac.

A Mon trésorier d'Albret, Mr Joseph du Launay à Nérac.

—

B. 2505. — Argent prêté à Henri III de Navarre par La Madeleine, médecin de Jeanne d'Albret. Billet autographe d'Henry à ce sujet. — Année 1581 (1).

Mandement : De par le Roy de Navarre, à nos amés et féaulx conseillers les gens tenant noz chambres des comptes à Pau, salut. Nous voulons, vous mandons et ordonnons de passer et allouer à la mise et dépense des comptes que rendra par devant vous nostre amé et féal conseiller, Me Julien Malet, trésorier général de noz maisons et finances, la somme de *cent escus sol* qu'il a payés, baillés et delivrez comptant par nostre commandement au sieur de La Madeleine conseiller et médecin de La Reyne, nostre très-chère et très amé compaignie, pour son remboursement de *pareille somme qu'il nous auroit prestée*, sans que le dit Malet soit tenu rapporter aultres choses que ce présent et quittance du dit. La Madeleine seront suffisant, car tel est nostre plaisir.

(1) On voit attaché au manuscrit *un carré de papier sur lequel Henri IV a écrit* :

Malet payés a la Madelene cent escus qu'il nous a baillés antre nes mayns.

HENRY.

Donné à Nérac, le iiiie jour d'aoust mil cinq cent quatre vingt et ung.

HENRY.

—

B. 2656. — Lettre d'Henry IV pour achat de meubles destinés au château de Pau.

Le Roy, Seigneur souverain de Béarn à nostre amé et féal conseiller trésorier général de nostre maison de finances, Mallet, salut. Nous voulons et ordonnons que des déspenses provenant des receptes de nos comptables délivrer en mains d'Estienne de Cimetière, trésorier de nostre maison, la somme de 2,500 livres pour estre employés à l'achapt des meubles contenant dix articles, selon le prix qui en sera faict par nos amés et féaulx de la Chambre des Comptes, lesquels meubles nous voulons estre mis en nostre dict lieux spécifiés à la charge de nostre concierge Robert Remy, garde de nos meubles. Donné à Pau, le douzième jour de septembre mil cinq cent quatre vingt deux.

HENRY.

—

E. 1063. — Henri de Navarre à Saint-Geniez, lieutenant général en Béarn, au sujet de la garnison du château de Pau.

« Monsieur de Saint-Genyès, je seu qu'on avoyt mis des soldatz au château de Pau, comme ma sœur est partye, creuyent que l'on se fut alarmé de mon arryvée en ceste ville, je ne pense pas qu'il soyt besoin de les y laysser, pourvoyés y je vous prye. J'avoy envoyé Byssouce (Vicose) vers M. le maréchal pour fere retyrer la garnyson de Basas, mes il s'escuse jusques qu'il est nouvelles du Roy, M. de Bellyevre y est achemyné cependant je vous menderé toutes nouvelles. Adyeu, je suy vostre plus afetyoné ami. »

HENRY.

—

B. 3025. — Henri III, roi de Navarre, par un post-scriptum autographe demande à Julien Malet de lui envoyer des chemises.

Malet, je renvoye par della Pierre présent porteur, garson de ma garde-robbe, pour chose que je luy ay commandé et pour ce il y pourra séjourner jusques à ce que je le mande. Ne faillés de luy fournir l'argent qui luy sera nécessaire pour sa despence et ce dont il.... et feray expédyer les mandements nécessaires et cependant vous pourrez garder ceste cy, la quelle n'estant à aultre fin sur l'asseurance que vous ny ferez faulte je priera Dieu vous avoyr, Malet, en sa saincte et digne garde. De Illiers, en Beauce, ce viiii° jour de juing 1589.

Vostre myleur mettre et assuré amy.

HENRY.

Armagnac dyt que je nay poynt de chemyses envoyés m'en.

En note sur la lettre, au bas, il est dit : « Respondu le xbii° du même. »

—

B. 167.— Au sieur de Harambure, gentilhomme de la Chambre du Seigneur Roy, la somme de 1,500 escus sol qui lui ont été ordonnés pour un voyage en Italie vers Ferdinand 1er, grand duc de Toscane, pour affaires se rapportant au service de Sa Majesté qu'elle ne veut estre déclarées (mandement du 19 janvier 1590).

A Marguerite, reine de Navarre, 50.000 escus sol que Sa Majesté lui a fait don pour *bonnes raisons*.

A René Brault, horloger et *mathématicien* du Roy, lequel lui a fait don de la somme de 100 escus sol.

A Charles de Gontaut, duc de Biron, maréchal de France, la somme de 1,000 écus sol pour l'aider à supporter les grands frais et despenses qu'il est contraint de faire par chaque jour près Sa personne (mandement du 6 décembre 1591).

A M. Paul Delaige ou Delage, conseiller du Roy, secrétaire ordinaire de la Maison de Navarre et autres domaines, la somme de 66 escus sol, 40 sols tournois pour ses gages de la dite année de 1601.

A Jean de Bordenave (1), autre secrétaire ordinaire de la Maison de Navarre, la somme de 66 escus sol, 40 sols tournois pour ses gages aussi du dit an 1601.

Au sieur Evesque de Lescar, au pays souverain de Béarn, la somme de 200 escus sol pour

(1) Jean de Bordenave, secrétaire du Roi près la Chambre des Comptes de Pau, assista ou contrat de mariage entre Pierre de Bordenave et Jacquemine de Navailles. Les témoins étaient Jean de Gassion, président de la Chambre criminelle ; Bernard de Lacoste, conseiller de Béarn ; Henri de Tisnès, juge de Béarn, Jacques de Marca, seigneur de Forquet ; Jean de Marca, avocat ; Jacquemine d'Artiguelouve ; Pierre de Biron, baron d'Arros, Théophile Hesperin, conseiller de Bearn, Pierre d'Arrac, de Gan ; Pierre de Salettes, gouverneur d'Oloron et Paul de Sagettes notaire à Pau, année 1605.)

les frais et despense déboursés en voyage du dit Lescar à Rome, et pour avoir suivi Sa Majesté et pour son retour à son évêché (mandement de juin 1601).

A François Martel, chirurgien ordinaire du Roi, la somme de 1,200 escus sol, de la quelle Sa Majesté lui a fait don en considération des bons et agréables, anciens, fidèles et recommandables services qu'il luy a rendus depuis 24 ans ; en considération aussy des grands frais et despenses qu'il a été contrainct de faire durant les derniers troubles estant assidument près la personne du dit Roy et mesme pour l'avoir traité d'une *pleuresie* qu'il eut en l'année 1589 avant son advènement à la couronne.

A Jacques de Gassion, procureur général en Conseil ordinaire de Béarn, 240 escus sol pour un voyage qu'il auroit fait de Pau à Paris pour affaires importantes.

A Jacques de Marca (1), fils et héritier de

(1) Nous trouvons dans un des actes d'un notaire de Gan, E. 1264. année 1585,) que Jacques de Marca, de concert avec Pierre de Pardies, bourgeois de Pau, et Guilhem de Dombidau, marchand d'Oloron, donna procuration à Jean de Làas, seigneur d'Agnos ; Jean Pierre d'Abbadie, seigneur de Saint-Castin pour emprunter 300 escus sol destinés aux frais d'un voyage qu'ils se proposaient de faire vers le Roi, à l'effet de lui demander le rétablissement de la religion catholique en Béarn et l'admission des catholiques aux charges et dignités publiques.

Par suite du testament de Pierre de Marca, archevêque de Paris, en date du 29 juin 1662, il advint que le seigneur de Navaillees, baron de Mirepeix, chevalier d'honneur au parlement de Navarre, fut le continuateur du nom de Marca et par un arrêt du parlement de Toulouse, en date 29 août 1693, il bénéficia des biens de Marca, arche-

feu M. Jérôme deMarca, quand vivoit, Me des requestes de la Maison de Navarre et président

vêque de Paris, son ayeul maternel, et de ceux de Arnaud Roger, son bis-ayeul, sauf les distractions et imputations qui seraient faites ; ce qui donna occasion au sieur de Navailles de remettre le 24 août 1694 l'état de composition de patrimoine en mains de Madame la présidente de Gassion, laquelle fit un règlement pour toutes les parties au mois de février 1597.

Galatoire de Marca, fils de l'archevêque de Paris, président au Parlement de Navarre, par son testament du 20 décembre 1682, fonda dans l'église de Saint-Martin de Pau, une prébende sous l'invocation de Saint-Pierre « voulant et désirant commuer le temporel en spi- « rituel pour s'acquiter en partie de ce qu'il doit « à l'église pour la descharge de sa conscience et pour « le salut de l'âme de feu Monseigneur l'illustrissime « Révérendissime Pierre de Marca, archevêque de Paris « et Ministre d'Etat, son pére, et pour la sienne âme et « pour répondre au zèle que le dit feu Seigneur archê- « vêque et ses prédécesseurs ont fait paroistre pour « l'advantage de l'Eglise et de la Religion....... Le « dit de Marca a donné en capital la somme de 24,000 « livres à prendre sur pareille somme due au dit fon- « dateur par les héritiers de feu le Marquis de Poyanne, « lieutenant du Roy de cette province, par obligation « du 9 février 1664, laquelle obligation est entre les « mains du Seigneur évêque de Lescar (M. de Mesplès). » B. 2055. »

Aux termes mêmes du testament, de Galatoire de Marca, la prébende de St-Martin fut donnée à un de ses parents et filleul Jean Ignace de Mesplès qui, par un acte, passé à Paris, lieu de son domicile, donna procuration à M. Tristan, prêtre et curé de Lespielle pour le répresenter.

Acte de procuration.

« Par devant les notaires royaux et apostoliques commis par Sa Majesté, dument enregistrés au Chatelet de Paris, y demeurant fut présent Jean Ignace de Mesplès, clerc du diocèse de Lescar, bachelier de la Maison de Sorbonne,

criminel au Conseil ordinaire de Pau, la somme de 333 escus sol pour règlement de gages de feu de Marca (mandement du 6 janvier 1599).

Aux sieurs Jean et Gilles Baudouin, marchands et bourgeois, la somme de 687 écus sol, 9 sols, 6 deniers tournois pour argent et marchandises de passementeries par eux fournis au dit Seigneur Roy depuis 25 ans environ, ainsi qu'il appert par mandement du ... jour et par réception de Me Macé-Duperay, trésorier-général des finances de Navarre. — Les dits Baudoin auroient par plusieurs fois poursuivis et demandé leur payement au Conseil du dit Na-

pourvu par Monseigneur l'Evêque de Lescar de la prébende de *Marca*, fondée et l'église en Saint-Martin de Pau, sous l'invocation de St-Pierre et du prieuré de Garlin, au diocèse de Lescar, demeurant à Paris, rue des Petits champs, à l'hôtel de Bourbon, paroisse St-Eustache, lequel a constitué ses procureurs. etc... Fait à Paris en l'étude des dits notaires, le 23 avril 1692, de Mesples, Lebrun et Colletet. »

Acte de prise de possession :

« L'an 1692 et le 24 décembre en la ville de Pau, et au devant le porche de l'église paroissielle de St-Martin de la dite ville par devant moy Jean de Guillarre, notaire royal apostolique du présent diocèse, nommé par le Roy et receu en la dite charge par M. le Sénéchal de la présente ville, faisans mon habitation en la dite ville de Lescar, paroisse Notre-Dame, a comparu M. Arnaud de Tristan, prêtre et curé de Lespielle, procureur de M. Ignace de Mesplès, clercq tonsuré du dit présent diocèse de Lescar, a remis en nos mains les titres me requérant de le mettre et installer en la qualité qu'il s'agit, en la possession de la dite prébende au droit par le dit sieur Mesplès la acquis par un titre précédent accordé de plein droit par le dit Seigneur Evêque. En conséquence, ay pris le sieur de Tristan par la main droite, l'ay introduit dans la dite église, fait prendre de l'eau bénite, conduit devant l'autel où à genoux à

varre qui ne leur aurait donné autres contentements. Enfin étant pressés de nécessités de

terre, je luy ay fait lire l'évangile de St-Jean; cela fait, je luy ay fait sonner les cloches, ouvrir et fermer les portes de la dite église qui sont les actes requis en pareil cas. Après quoy, j'ay déclaré au Sr de Tristan qu'en la qualité qu'il agissait je lui ay baillé la possession réelle actuelle et corporelle de la prébende, ensemble des droits, rentes, honneurs et revenus appartenant à icelle et que d'icelle, il est resté maître et paissible possesseur sans trouble, ny opposition de personne et lui ay remis en mains les dits titres. Fait en la ville de Pau, le dit jour an que dessus. Guillarre notaire royal et apostolique. »

Par un autre acte du 20 janvier 1684, Galatoire de Marca fait une donation de 1,500 livres en faveur du couvent des Dames Ursulines de Pau.

« Comme ainsi soit Messire Galatoire de Marca, conseiller du Roy en ses conseils, président en la cour de Parlement de Navarre pour s'attirer de tant plus les grâces du ciel et les prières des personnes destinées aux exercices de piété durant sa vie et après sa mort, tant pour luy que pour feu l'Archevêque de Paris, son père, et le reste de sa famille, ait témoigné vouloir donner par charité aux dames religieuses de Ste-Ursule de Pau la somme de 1,500 livres pour estre employée à la *construction de l'églisa et bâtiments* qu'elles ont commencé de bastir; ce qu'ayant fait connoistre aux dites religieuses elles ont accepté avec remerciements et avec toutes les marques de reconnaissance qui dépend d'elles. Pour ce est-il que cejourd'huy bas escript au parloir des Dames religieuses St Ursule, a esté constitué en personne Dame Catherine de Ste Therèse, prieure, faisant tant pour elle que pour les autres religieuses du dit couvent, laquelle de son bon gré a reconnu et confessé avoir prins et reçue du dit seigneur de Marca la dite somme de 1,500 livres en escus blancqs et demi-escus ayant cours, que la dite dame a promis d'employer à l'achapt des matériaux et paiement des ouvriers et construction de l'église qu'elles ont commencé de bastir; en reconnaissance de laquelle charité et pour seconder les pieuses intentions du dit seigneur de

leurs affaires auroient esté contraincts de poursuivre la dite Majesté aux requestes du Palais

Marca la dite dame a promis et promet tant pour elle que pour celles qui viendront à l'advenir dans le couvent de faire dire à *perpétuité une messe par sepmaine* par leur chapelain qui servira la dite église et de l'acceompagner de leurs prières pour le salut de l'âme du dit seigneur de Marca et de feu Monseigneur de Paris, son père, et pour ce faire s'oblige, jure, etc...

Fait et passé à Pau au parloir du dit couvent de Ste-Ursule le vingtième janvier 1684 en présence de Jean de Casenave et Arnaud de Touranger et moy Gilles Chanlaire qui ay retenu et signé le dit acte avec la dite dame prieure. (B. 2056.)

—

M. Pierre de Marca, archevêque de Paris, naquit en Béarn à quelques lieues de Pau, dans la ville de Gan, le 24 janvier 1594. Il fut nommé en 1615, conseiller au conseil souverain de Béarn, président au parlement de Pau en 1621. Il fut le premier Intendant de Béarn et de Navarre ; mais il ne porta que le titre d'intendant de justice du 17 novembre 1631 à 1638. Cette première commission d'intendant, nous dit M. Paul Raymond, archiviste à Pau, donnée par Louis XIII ne paraît avoir soulevé en Béarn aucune opposition, peut-être parce que le docte et souple Marca s'entint strictement à son office d'intendant de la justice près le gouverneur.

Il publia son *Histoire de Béarn* et il en fit hommage aux Etats de Béarn en 1640. Cet ouvrage incomplet s'arrête à l'avènement de la maison de Foix, en Béarn, (Gaston VIII 1303), Une intéressante étude par M. J. Lamaignère père (*), sur un ouvrage de Jean de Bordenave, chanoine de Lescar, contemporain et parent de Marca, nous donne à croire que M. de Marca aurait écrit la suite de l'Histoire de Béarn jusqu'aux évènements de 1620 ; mais que ce tom. II soit qu'il fut imprimé, soit en manuscrit aurait disparu pour une raison d'Etat ou pour tout autre motif personnel à l'auteur.

(*) *Bulletin de la Société des Sciences, Lettres et Arts de Pau*. 1879-1880, pages 57, 58, 65, etc.

du dit Paris ou s'entenir à se voir ensuivi le septième jour d'avril de l'année du dit compte de 1601 et la dite Majesté condapnée au payement de la dite somme de 687 escus sol, 6 deniers, de la quelle somme ils auroient été payés.

A la dame Lanne de Gontaut, épouse du sieur baron de Castetnau, gouverneur pour Sa Majesté au vicomte de Marsan, Tursan et Gavardan, la somme de 4,000 escus sol queSaMajesté lui a fait don en *contemplation* du mariage du sieur de Castetnau et d'icelle tant en considéralion des bons et longs et agréables et recommandables services faits et rendus par la dite

Marca fut successivement évêque de Cousserans, puis de Toulouse en 1655 et ministre d'Etat en 1658. Après la mort de sa femme nous dit Bayle, il fut ordonné prêtro à Barcelono au mois d'avril 1648 et sacré évêque à Narbonne en octobre 1648 ; Il mourut le 29 juin 1662 à l'âge de 68 ans peu après avoir reçu les bul'es de l'Archevêché de Paris, ce qui lui valut de la part d'un certain plaisant l'épitaphe ci-après :

Ci-gît l'illustre de Marca
Que le plus grand des rois marqua,
Pour le Prélat de son Eglise :
Mais la mort qui le remarqua,
Et qui se plaît à la surprise,
Tout aussitôt le démarqua.

D'après Moreri, M. Pierre de Marca avait épousé une demoiselle de la Maison de Lavedan dont il eût plusieurs enfants entr'autres Galatoire de Marca, président au parlement de Pau, abbé de St-Aubin d'Angers, mort le 11 février 1689, âgé de 65 ans.

Dans les registres des notaires de Pau, E. 2035, Archives des Basses-Pyrénées, on trouve un pacte de mariage entre Arnaud de Labarthe et Marguerite de Marca, *fille de Pierre de Marca, Président au Parlement de Navarre.* L'énoncé de cet acte donne d'une

dame de Gontaut à Madame, sœur unique de Sa Majesté, qu'aussy pour les grands recommandables services reçus par icelluy sieur Roy du feu sieur d'Audaux, père de la dite Gontaut, ainsy qu'il est plus amplement déclaré par le mandement du dit Roy le 22 janvier 1592 et porté au compte de la présente année 1599.

Don fait par Jeanne d'Albret, à Françoise de Candau, veuve de Barthèlemy, président du conseil souverain de Béarn.

Le Roy, Seigneur Souverain de Béarn, à Bernard D'Astis, trésorier et receveur de nostre fisc, en nostre pays souverain de Béarn, nous vous mandons et ordonnons que des *premiers*

manière précise le nom de la femme de Pierre de Marca.

« Sachent tous présents et advenir que pactes et accords de mariage ont été faits et passés au bon plaisir de Dieu entre noble Arnaud de Labarthe assisté et autorisé de noble Daniel de Labarthe, seigneur de Rebenacq, Bescat, Lasseubetat, son père, de Messieurs Augustin de Loyard, Paul de Mesplès, Jacques de Casemajor, sieur de Disse, conseiller du Roy, noble Théophile de Lendresse, Daniel Dabbadie, sieur de Préchacq, Messire de Gassion et Arnaud de Bordenave, conseiller du Roy et Maître de Comptes, Pierre de Bordenave, conseiller et secrétaire du Roy et Théophile de Loyard, avocat au Parlement, ses parents, d'une part ; et demoiselle Marguerite de Marca, fille aînée de Messire Pierre de Marca, conseiller du Roy en ses Conseils d'Etat et privé et Président au Parlement de Navarre et de dame Marguerite de Forgues, assistée et autorisée du dit de Marca, son époux, président; de noble Jacques de Marca, conseiller du Roy et vice-sénéchal de Navrrre et de Béarn, son ayeul paternel; damoiselle Marguerite de Redger, son ayeule maternelle, et sieur de Loyard et de Mesplès, conseillers du Roy au Parlement; de Bordenave, conseiller du Roy en la dite Chambre et noble Daniel de Forgues, ses parents et amis.

Fait à Pau, le 27ème novembre 1633.

et des plus clairs deniers de vostre charge et recepte provenant du dit fisc, vous paiez, baillez et délivrez à *Françoise de Candau, femme de Monsieur de Saule, ministre de la parole de Dieu*, la somme de *sept cent cinquante livres* qui ont *esté cy-devant au feu président Barthelemy*, son *premier mary*, et icelle *ordonnée par la feue Reyne, nostre très honorée dame* et *mère*, pour *les causes et considérations* contenues ès ordonnances et mandements de la dite feue Dame, dont les extraitz sont cy-attachés soubs nostre cachet, les quelles ordonnances et mandements nous avons confirmés, confirmons; Et de nouveau en tant que besoing est ordonné et ordonnons à la dite de Candau la dite somme *de 750 livres* et rapportant ces présentes avec le dit mandement et quittance de la dite dame Candau seront suffisants; car tel est nostre plaisir, non obstant quelconque *ordonnance et mandement cy devant faictes sur l'ordre et distribution de noz finances à ce contraire, aus quels présente.* Donné *à Agen*, le xiiie jour d'aoust mil cinq cent soixante seize.

HENRY.

« Je soubsignée, *Françoise de Candau, feme jadis de feu Me Pierre Barthelemy, président en la chambre criminelle de Sa Majesté à Pau*, quand il vivoyt, confesse avoir reçu de Me Bernard d'Astis, receveur du fisc de sa dite Majesté, la *sôme de sept cent cinquante livres tournoise* contenues aux *mandements de don* cy attachez, octroyez tant en faveur du dit sieur Barthelemy défunct qu'en faveur de moy dite de Candau, de la quelle *sôme*, j'en acquitte le dit d'Astis par la présente *signée de ma main*. Fait *à Lescar*, le premier de janvier mil cinq cent septante et sept. »

(D'une autre main est écrit.)

Et moy soubs-signé mari de Françoise de Candau, Suzane de Barthelemy, héritière du dit président de Barthelemy, avoir reçu de la dite Suzane pour l'interest qu'elle y peut avoir telle somme avoir par le dit d'Astis esté payée. En foy de quoy me suis soubs signé le jour et an sus dit.

D'Aons.

Le mandement de Jeanne d'Albret porte : *A ma cara et ben amada Francèse de Candau. daté de Pau* le xxiiiie jour de novembre, l'an de grâce de 1563. »

—

E. 365. — Henry IV donne décharge d'une tapisserie à divises envoyée à Paris par Robert Remy, concierge du château de Pau (parchemin et grand sceau en cire rouge).

Henry, par la grâce de Dieu, Roy de France et de Navarre, Seigneur Souverain de Béarn, à nos amés et féaux, conseillers les gens de nos comptes à Pau, salut.

Sur ce que nostre cher et bien amé Me Robert Remy, garde de noz *meubles à Pau*, nous a faict entendre que ayant cy-devant esté chargé par nous de la garde de noz dits meubles, en vertu de commission de nous scellée de nostre grand sceau et par inventaire faict par devant vous, en vertu d'icelle, ou que luy ayant commandé par noz lettres closes du jour de..... dernier, de nous envoyer par *Armand du Bayle*, l'un de noz *fourrier ordinaire* LA TAPISSERIE DE DEVISES qui est avec les dits meubles et de la quelle il a la charge, je n'ose satisfaire au dit commandement craignant d'en *estre cy après rechercher* pour luy avoir envoyé noz lettres de descharge necessaire, humblement requerant icelles ; *à ces causes* nous voullons, vous mandons et ordonnons par ces présentes signées de nostre propre main *qu'incontinant après la présentation et reception d'icelles*, vous ayez faire tenir quitte et décharge le dit Remy sur l'inventaire par vous cy devant faict dès qu'il vous representera de noz dits meubles et la dite *tapisserie* de DEVISES, la quelle vous nous renveyerés par le dict du Bayle qui vous rendra les présentes, avec noz lettres closes, les quelles vous feres enregistrer ès registre de nostre Chambre pour servir de descharge au dit Remy, car tel est nostre plaisir. *Donné à Paris*, ce biiiᵉ jour de mars mil cinq cent quatre vingt dix sept.

HENRY.

Par le Roy, Seigneur Souverain.

DE LOMENIE.

—

Lettre d'Henri IV pour faire payer un transport de meubles du château de Pau à Paris. — Année 1603.

De par le Roy, Seigneur Souverain de Béarn.

Nos amés et féaulx; Ayant Daniel Remy (1) faict conduire en ceste ville des meubles de

(1) On trouve aux Archives des Basses-Pyrénées E. 2020 le contrat de mariage de Daniel Remy, valet de chambre du Roi de Navarre, et de Suzanne de Salinis; assistés de Jean Remy, avocat au Conseil; Alexandre de Blair, principal au Collège de Lescar; Jean de Salies, marchand et bourgeois de Pau; Jeanne de Fenario, capitaine; Jean de Lendresse, conseiller de Béarn et Raymond Paloque, ministre de l'eglise de Pau : acte de Joseph de Jean, notaire à Pau 1605.

Béarn que nous y avons faict porter et iceulx rendre par bon compte au guarde de noz meubles, nous luy avons faict expédier sa déscharge en bonne et due forme, la quelle vous estant présentée, vous ne ferés faulte de *vérifier*, ainsy que par icelle vous est ordonné. Et d'aultant que le dit Remy n'a esté paié que seullement de sa déspense faicte pendant la conduicte des dits meubles, vous luy ferés bailler *cinquante escus* tant pour le temps qu'il a sesjourné ycy que pour son retour en Béarn. Si n'y faites faulte, car tel est nostre plaisir. *Donné à Paris,* le XXXIe jour de janvier 1603.

HENRY.

—

B. 3344. — Transport de meubles de Pau à Paris.

Trésorier de mon espargne, payés comptant à Daniel Remy, concierge et garde de noz meubles, ce qui luy fault pour le voyage qu'il a faict par mon esprès commande et pour nostre service d'estre venu dudit Pau en ceste ville, avec des meubles, que j'avoys au *dit Pau*, que j'ay faict apporter et ferés retourner à Pau en son pouvoyr.

Faict à Paris le xiiiie jour de janvier 1603.

HENRY.

—

B. 3393. — Payé pour réparation à la tour *Castellane du château de Pau où étaient détenus les prisonniers* la somme de 98 livres 16 sols par état arrêté, contrôlé et vérifié le dernier de décembre 1606 par Me Roque, trésorier des réparations du dit château

A l'argentier 6 livres 10 sols tournois pour Guirault-Moret étant allé de Nérac à Pau pour chercher du beurre frais et des millias destinés aux festins faits par Sa Majesté aux Reines; dans la dite somme est compris le retour à Nérac.

A Artigolle, laquais, 29 sols tournois pour avoir porté une lettre du Roy à Nérac à Madame de Roques.

A Berdot de Licoste 48 livres tournois pour le diner du Roy en compagnie de 38 personnes de sa suite étant à la chasse à Durance.

A divers, la somme de 44 livres 19 s. t. pour louage de chevaux ayant porté les italiens, joueurs de comédies, pendant les festins à *la venue et arrivée* de la Reine, mère du Roy et de la Reine, *nostre maîtresse*. — Ordre du Roy.

A Berdot Licoste, dit Beulaigue, 25 sols tournois pour le souper de Me Jacques, chirurgien, auquel Sa Majesté commanda de demeurer à Durance pour soigner un de ses levriers qu'un sanglier avait blessé.

A Jean Teissereau, valet des levriers, 27 livres tournois pour *conduire 7 levriers, pour les mener baigner* et laver à l'eau de la mer; ces animaux ayant été mordus *par un chien enragé qui les avait bourrés.*

A Estienne Robin, mercier du Roy, 35 sols tournois pour avoir fourni sept masques pour les pages et violons le jour de carême prenant (1579).

B. 531. — Dépenses faites à la grande tour du château de Pau : nettoyage des *ordures des prisonniers* et travaux à la chambre de la *torture* pendant l'année 1595, s'élèvant à la somme de 133 livres tournois 9 sols, 3 derniers.

Compte arrêté et vérifié par le sieur Roque.

—

B. 630. — A Guillaume Laplace, libraire en la présente ville de Pau, la somme de 12 livres pour la vente par luy faite du Code Henry pour servir la chambre; plus 50 sols tournois pour une rame de papier pour ladite chambre.

A Bertrand de Sansot à Pau, pour réparations en *la tour* du château de Pau où les prisonniers se tiennent et à la *chambre des sorcières* réparer les planchers et y employer deux charretées de bois de sapin et 200 clous de Bordeaux ; nettoyer les *immondices* qui sont *dans les chambres*, la somme de 60 livres ; compte arrêté par la chambre des Comptes de Navarre le vingt huitième février 1630.

—

B. 3.241. — Parfums pour le Trésor de Pau.

A été taxé Me Pierre Fouchen, apothicaire à Pau, pour avoir fourni plusieurs encens pour parfumer la chambre ordinaire et principalement *le trésor du Roy aux fins de conserver les papiers qui sont dans le Trésor*, la somme *de dix sous* qui lui seront payés par Me Ramon de Camou, trésorier du fisc.

Fait à Pau, le 10 Aoust mil cinq nonante oeyt.

Du Pont,
(Procureur général.)

B. 3090. — À Jérome de Vise, (allié Barthety de Lescar) menuisier, Ingénieur du Roy, la somme de septante cinq livres, pour avoir suivi, en compagnie de M. de La Magdelaine, médecin du Roy et de la princesse Catherine, de Pau à Eaux-Chaudes, et eu égard aux vivres qui sont chers et y avoir séjourné durant tout le temps que Madame Catherine y a demeuré, et aussi pour l'indemniser de la perte d'un cheval et pour les vacations et les autres causes contenues en l'ordonnance du 2e de septembre 1591. Signé, Du Pont.

Dans les travaux faits aux Eaux-Chaudes on relève une inscription latine en l'honneur de Catherine, dont voici la traduction :

« Admire ce que tu ne vois pas et regarde des choses que tu dois admirer ; nous ne sommes que des rochers, et cependant nous parlons ; la nature nous a donné l'être, et la princesse Catherine nous a fait parler ; nous l'avons vue lisant ce que tu lis ; nous avons ouï ce qu'elle disait ; nous l'avons soutenue. Ne sommes nous pas heureux, *Passant*, de l'avoir vue, quoique nous n'ayons point des yeux ? Heureux toi-même de ne l'avoir pas vue ! Nous étions morts et nous avons été animés. Toi, Voyageur, tu serais devenu pierre. Les muses ont érigé ce monument à Catherine, Princesse des Français Navarrais, qui passait ici l'an 1591. »

C'est pour éterniser le souvenir du séjour aux Eaux-Chaudes de Catherine, sœur d'Henri IV, que fut faite cette inscription ainsi qu'une autre par les soins de Jean de Gassion, conseiller d'Etat, président au parlement de Navarre et Intendant de Béarn, l'an 1646.

On sait que les Princes de Béarn tenaient tous les ans une cour brillante aux Eaux-Chaudes.

On en retrouve le souvenir dans le nom de la *Houn deü Rey* et celle de *Larressec*. Jeanne d'Albret venait aussi se distraire aux Eaux-Bonnes et aux Eaux-Chaudes des soins que son royaume exigeait ; ce fut dans la première de ces localités qu'elle connut par Gontaut la conspiration tramée dans ses Etats pour la livrer elle et Henri de Navarre à l'Espagne et à l'Inquisition. Ce fut sous l'administration de M. l'Intendant d'Etigny que la principale gorge de la vallée d'Ossau fut agrandie aux dépens des rochers qu'on a creusé en forme de galerie et transformés en belle route sur les plans de M. d'Arripe, directeur de la monnaie de Pau, qui en dirigea les travaux. C'est à l'issue du défilé que furent gravées les deux inscriptions à l'honneur de Catherine de Bourbon.

Les Eaux-Chaudes et les Eaux-Bonnes contiennent des sources minérales très anciennes. Celles des Eaux-Bonnes acquirent une grande célébrité par les bons effets qu'elles produisirent sur les soldats béarnais blessés à la bataille de Pavie et qui y avaient été conduits par Jean d'Albret, grand'père d'Henri IV. Le célèbre docteur Antoine de Bordeu et son fils Téophile les mirent en vogue. Celui-ci les assimilait, pour leurs qualités douces, onctueuses balsamiques à celles de Barèges, après lesquelles il plaçait sous ces trois rapports les eaux de Cauterets et de Luchon, réservant la troisième place à celles de Bagnères-de-Bigorre, comme les plus sèches, les plus dures. M. le docteur Raoul Le Roy dit : « La fréquentation des Eaux-Bonnes par les malades atteints d'affections des voies respiratoires date de loin. Leur fortune fut rapide, en raison même de laur merveilleuse spéculation d'action bien vite établie. Th. Bordeu écrivait lui-même à Madame de Soberio, frère du marquis d'Ossun, pages 52 et suivants : « Quelques personnes s'imaginent que les Eaux-Bonnes ne sont pas salutaires en tout temps, c'est une erreur qu'il est bon de détruire ; il n'est point de saison où elles ne conservent leur vertu : elles seraient même plus efficaces l'hiver que l'été, si les corps des malades étaient bien disposés. On les emploie quand l'occasion les requiert ; il est pourtant vrai que si l'on peut attendre, on fait bien de choisir le printemps ou l'automne ; ce sont comme on le dit *les deux saisons des Eaux*, ce sont des temps où nos humeurs sont dans cet état, qui les rend propres à la santé : elles ont un mouvement déterminé qui n'est ni trop fougueux, ni lent ; l'air qui nous environne est tempéré ; les transpirations sont comme il faut, nos solides ne sont ni trop tendus, ni trop relâchés pour l'ordinaire. Pourrait-on assez ménager cette eau, que nos ancêtres ont appelée *Bonne* par excellence. Son mérite est si généralement éprouvé, qu'il n'est point de particulier qui ne la connaisse... il est aussi des personnes qui en ont toujours leur provision ; ils se passeraient plutôt d'autre chose que des eaux Bonnes, de sorte qu'on en trouve, surtout à *Pau*, en quelque temps que l'on en veuille. On ne saurait se passer d'un bien aussi précieux

« M. de Borie, de Pau, médecin d'une grande réputation, dit encore que les eaux de Cauterets, celles de Larralière, connues environ depuis 1630, conviennent à certains poitrinaires ; ces maladies paraissent incurables à presque tous les étrangers mais nous sommes accoutumés à les voir guérir ou au moins pallier. Ces eaux valent autant que les Eaux-Bonnes, lorsqu'il y a dans la poitrine un certain relâchement, un *embour-*

bement des humeurs; mais les Eaux-Bonnes, comme plus douces, conviennent mieux dans les poitrines sèches, dans les pulmonies qui viennent par un érétisme des solides, lorsqu'il y a des tubercules secs. »

M. de Walkenaer, après avoir passé deux saisons aux Eaux-Bonnes et tout un hiver à Pau (1834) a bien voulu rendre un témoignage de la bienfaisante influence de ce pays sur sa santé, en traduisant et en publiant le jugement que porte sur le climat de Pau un célèbre médecin anglais, M. James Clark, dans son ouvrage : *de l'influence du climat pour prévenir et guérir les maladies chroniques, et particulièrement celles de la poitrine et des organes de la digestion.*

« Quoique le climat de Pau participe généralement aux avantages et aux inconvénients de la température du Sud-Ouest de la France, cependant il se distingue par quelques particularités qui sont dues à la situation topographique de cette ville. Pau, quoique situé à une assez grande distance de l'océan atlantique, se ressent cependant de son influence, mais ses effets sont modifiés par les montagnes environnantes. Ainsi, par exemple, le calme est un des traits distinctifs du climat de Pau ; les vents violens y sont rares et de très courte durée. »

« Cependant, comme le vent d'ouest y domine, la température est généralement pluvieuse, mais elle n'entraîne pas les inconvénients d'un climat humide, parce que le sol sabloneux y boit toute l'humidité, et que les effets de la pluie, qui continue rarement plus de deux jours consécutivement, y sont combattus par le soleil dont les rayons sèchent le sol en peu d'heures. »

« En octobre, la neige qui tombe sur les Pyrénées occasionne un changement soudain dans le climat de Pau. La température devient froide et pluvieuse. Elle s'éclaircit en novembre et devient plus douce. Décembre et janvier sont secs et froids, il tombe alors de la neige; mais pendant un petit nombre d'heures, et elle ne reste pas longtemps sur terre. Dans les intervalles de beau temps, le soleil est brillant et chaud et les infirmes peuvent sortir et prendre de l'exercice en plein air, dans la matinée, de midi à trois heures. Dans le mois de février, la température s'adoucit, mais vers la fin de ce mois, elle devient froide. Mars est plus doux, mais très variable quoique exempt de ces vents coupants qui sont si nuisibles ailleurs. La végétation se déploie dès les premiers jours d'avril et la chaleur commence à se faire sentir, etc... »

« Le docteur Plaifair, dans les mêmes temps, résume à peu près ainsi le climat de Pau. Calme, froid, modéré, soleil brillant même en hiver, sécheresse de l'atmosphère et du sol, pluies de courte durée. »

Au total, dit ce médecin, Pau est une ville saine, et un des lieux du Sud-Ouest de la France, les plus favorables, pour y passer l'hiver, aux personnes attaquées de maladies chroniques des membranes muqueuses. Ce lieu a l'avantage de se trouver dans le voisinage des Pyrénées, dont les eaux minérales sont très bienfaisantes pour ces sortes d'affections. Ceux qui ont passé une saison dans ces Eaux et qui veulent y retourner la saison suivante, se trouvent en quelque sorte transportés, en passant l'hiver à Pau et elles ont l'avantage d'y pouvoir continuer l'usage des Eaux. Les Eaux-Bonnes particulièrement qui sont très efficaces sont très rapprochées de Pau et on peut se les procurer facilement sans qu'elles aient perdu de leurs qualités par le temps et par le trajet.

Enfin, le docteur Plaifer recommande Pau pour les enfants délicats qu'il faut transporter en été dans les montagnes,... etc.

M. le docteur Cazenave de La Roche dit en parlant de Pau : les vents océaniens, (il désigne ainsi les vents du sud-ouest et d'ouest,) apportent dans le bassin sous-pyrénéen béarnais une somme de calorique et d'humidité dont la concentration et la durée se trouvent physiquement favorisées par les conditions particulières d'hypsométrie et de configuration topographique qu'il a décrit dans une brochure *ad hoc*.

Deuxièmement, c'est à l'influence de ces vents prépondérants dans l'anémographie de la région occidentale sous-pyrénéenne qu'il faut attribuer la constitution climatologique du bassin béarnais et de la *ville de Pau*, qui en est la station hivernale.

Troisièmement, cette constitution climatologique s'affirme par une atmosphère calme et sédative, conséquence naturelle de l'hypsométrie protectrice ainsi que de l'action calorique et hygrométrique des vents océaniens.

Dans une esquisse de climatologie médicale sur Pau et des environs, par M. le docteur Duboué, on lit, page 89, que le climat de Pau, d'après M. de Valcourt, est considéré comme *sédatif*, et qu'il l'est principalement en raison du calme de l'atmosphère qu'on y observe, tandis que le climat des diverses stations hivernales du littoral de la Méditerranée est regardé comme *tonique* et *plus ou moins* excitant. Cette tonacité, dit M. Duboué, propre à notre climat, a été signalée par un médecin distingué du royaume de Hanovre qui a passé plusieurs hivers parmi nous et a consigné dans une excellente brochure diverses observations médicales qu'il lui a été donné de faire durant son séjour dans notre ville.

« Pau, dit M. Fr. Schaer, appartient à la « classe des climats qui calment l'organisme, « qui exercent sur lui une action sédative. « Mais comme on peut y acquérir un ac- « croissement de force, je crois aussi qu'en « vertu de sa situation particulière et de cer- « tains éléments qu'elle communique à son « atmosphère, cette ville possède en mê- « me temps des qualités propres qui peuvent « contribuer à fortifier et à guérir les organes » maladifs; je considérerais donc le climat de « Pau comme *calmant et fortifiant* l'organisme».

M. le docteur Taylor a rendu également justice au climat de Pau dans son ouvrage intitulé *De l'influence curative du climat de Pau*, si admirablement traduit en français par M. P. O'Quin, ancien député..

On ne doit pas non plus oublier M. Genreau, Ingénieur des mines, qui a résidé à Pau pendant plusieurs années et qui est devenu notre compatriote par son mariage avec la fille de M. Bassy, notre sympathique soutien de la station Béarnaise. M. Genreau, par une étude approfondie sur la constitution du sol et du sous-sol, explique comment, quelques heures après que la pluie a cessé le sol des rues devient presque entièrement sec. Aussi ne voit-on presque jamais de l'humidité dans notre ville, sur le pavé des rues, sur les rampes d'escalier, ni sur les tapisseries des maisons; c'est l'opinion également de M. le docteur Duboué qu'il explique dans l'ouvrage dont nous avons eu déjà à citer.

En définitive la population de Pau et de ses environs a toujours eu l'insigne bonheur d'être exempte de ces maladies épidémiques, qui, à différentes époques, ont sévi en Europe.

Le lecteur nous pardonnera d'être sorti un peu trop de notre sujet ; mais ayant eu à parler des Eaux-Chaudes et des Eaux-Bonnes à l'époque d'Henri IV, nous nous sommes laissé entraîner à dire quelques mots sur notre climat de Pau, ce qui peut être utile aux étrangers ne connaissant pas encore le séjour de cette ville qui pourront lire ces quelques lignes.

—

B. 3672.— Frais de transport des meubles envoyés à Louis XIII à Paris, en 1623.

Nous, soubsignés, commissaires députés par Mrs de la chambre pour faire porter à Sa Majesté de cette ville en celle de Paris les armes du feu Roy et avec meubles, confessons avoir pris et reçu de Mr de Leschenia du fonds qui est en ses mains pour l'acquit des frais inopinés la somme de cent livres tournois pour fournir aux frais de l'emballage, port et voitures des dits meubles des quels cent livres nous promettons luy fournir déclaration valable à sa décharge ou luy rembourser la dite somme a sa première demande.

A Pau, le premier mars mil six cens vingt et trois.

DE CACHALON. GASSION.

—

Lettre de Louis XIII relative aux tapisseries du château de Pau.

De par le Roy,

Noz amés et féaux ayant destiné dez y a

long temps quelques pièces de tapisserie de celles de nostre *chasteau de Pau* pour nous et servir en nostre chasteau du *Louvre*, nous avons chargé le s^r comte de Gramont de choisir trois tentures de celles qu'il advisera plus propres pour ce à quoy nous les voullons employer. A ces causes, nous voulons et vous mandons que vous ayez à faire délivrer au dit s^r de Gramont par le garde de noz meubles au dit chasteau sur quoi au nombre de trois des dites tentures de celles qu'il choisira pour nous, ainsy que nous l'avons plus particulièrement ordonné au dit garde, voullames aussy que par vous il en soye déschargé dans l'inventaire des dits meubles. A quoy vous ne ferez faulte ; car tel est nostre plaisir. Donné à St-Jehan de Morjsme, le xiiie jour de juillet 1630.

LOUIS.

Lettre relative aux tapisseries.

De par le Roy,

Nos amés et féaux. Vous recevrez par nos lettres patentes en forme de commission à vous adressantes que nous avons ce jourdhui faict expédier ce qui est de nostre volonté et intention sur les difficultez que vous aviez cy devant faictes de délivrer et mettre ez mains du Sr Comte de Gramont, gouverneur, et nostra lieutenant général en nostre royaume de Navarre et pais de Béarn, les trois tentures par luy choisies de celles qui estoient restées de nos anciens meubles dans nostre chasteau de Pau, et désirant que au plustot vous satisfaciez à cette nouvelle intention. A ces causes nous vous mandons ordonnons et très expressément enjoignons que toutes difficultés cessantes vous ayez à exécuter ponctuellement le contenu en nostre commission sans plus y apporter de longueur ny retardement, ce que nous voulons voir que vous ferez sur tout que vous affectionnez de nous obéir ny faictes donc point de faute, car tel est nostre plaisir. Donné à Lyon, le six^e^ jour de septembre 1630.

LOUIS.
DE LOMÉNIE.

—

A nos amés et féaux Conseillers les gens tenant nostre chambre des comptes de Navarre.

A Messieurs de la Chambre des Comptes de Navarre, séante à Pau,

Messieurs,

Je vous envoie la patente que le Roy vous adresse pour délivrer les trois tentes de tapisserie de Sa Maison de Pau qu'il a données à Monsieur le Premier. Je vous prie d'ordonner au concierge qu'il les fasse promptement emballer qui est l'hystoire d'Ester et les deux autres toutes de brocatel rehaussées d'or quy ont esté mises dessus à part et les faire livrer à Clavere à quy j'ai ordonné de les faire porter à Dax sur des charrettes et de là à Bourdeaux d'où elles seront voiturées à Paris. Je désire les voir partir devant moy, cest pourquoy je vous envoie cest exprès, d'autant que je suis pressé de partir d'aujourdhuy en huit et m'en aller en poste pour trouver le Roy. Je massure que maintenant vous ny porterez plus

la difficulté et je seray toujours, Messieurs, votre très.................................. ...
.... (1).

GRAMONT.

A Bidache, le 3 septembre 1630.

—

A Monsieur Remy, concierge et garde meubles de la maison du Roy à Pau.

Monsieur Remy, le Roy escrit à Messieurs de la Chambre des Comptes avec vostre descharge, pour delivrer les trois tentes de tapisserie pour Monsieur le Premier qui est l'Histoire d'Esther et les deux tentes de brocatelle rehaussée d'or, avec des bandes de velours, que je vous prie de faire mettre à part et au lieu ou Arbendaritz les puisse trouver dans quelques jours que je enverroy à Pau pour lui faire emballer et mener à Paris. Je masseure que vous naporteres pas de répugnance aux volontés de Sa Majesté et cependant je suis Monsieur de Remy, vostre très efectionné amy

DE GRAMONT.

Bidache, 30 juillet 1630.

—

Le 30 août M. de Gramont écrit encore à M. Remy pour lui ordonner l'envoi des dites tapisseries et le roi Louis XIII mettant fin à ses demandes réitérées accuse réception, à la date du 19 septembre 1630, et expédie l'acte de décharge daté de Lyon.

(1) Ces deux dernières lignes écrites par M. de Gramont sont illisibles.

Indication sur les Monnaies en Béarn.

Le florin valait environ 12 francs de notre monnaie.

La livre tournois équivalait à 2 fr. 50.

De l'année 1573 à 1589 :

60 sols valaient 16 francs dix centimes.

4 sols valaient 1 fr. 80.

10 livres valaient 5 fr. 35.

1 écu sol valait 3 livres tournois ;

1 livre valait 20 sols tournois ;

1 sol Morlàas valait 2 sols, 3 deniers tournois;

1 denier Morlàas valait 3 bacquettes ou 2 deniers tournois, et une bacquette était la 4e partie du liard ;

1 liard valait 4 baquettes ;

Un sol bon valait 1 sol, 6 deniers tournois ;

Le Teston valait 14 sols, 16 deniers tournois.

D'après différentes ordonnances depuis 1577, la valeur de l'*escu* avait été fixée à 60 sols tournois.

Dans les comptes, il ne devait plus être question de *livres*, mais bien d'*escus, de sols, de deniers*, ce qui dura jusqu'en septembre 1602. — C'est à cette époque qu'Henri IV abolit le compte à l'escu et rétablit celui à *la livre*. L'escu était de 3 livres, monnaie de compte supprimée en 1577. (La ley-mayor valait environ 18 sous Morlàas). Dans les actes jusqu'au XVIIIe siècle on employait fréquemment le sou Jacques, monnaie Aragonaise).

En Béarn il n'y avait qu'un poids et une mesure, c'étaient ceux de Morlàas.

Au sujet de la monnaie de Morlàas

Le Béarn était comté de 819 à 945 ; mais les comtes de Béarn étaient princes de la famille de Gascogne issus des rois et ducs de Gascogne et d'Aquitaine. En 945, le duc de Gascogne accorda l'indépendance au Béarn qui depuis lors fut une souveraineté ou principauté indépendante. Sur les monnaies il n'y eut jamais que *comes*, comte. ou *dominus*, Seigneur-Souverain, ce qui est synonime de prince. (Voir glossaire de Du Cange).

Le titre de vicomte porté aussi par les souverains de Béarn vient de ce qu'ils étaient cadets des ducs de Gascogne et que tous les membres de cette famille régnante portaient la qualification de *vicomte de Gascogne*, c'est-à-dire de Lieutenant du duc, leur aîné. Vicomte de Gascogne est le titre que portaient à cette époque (IXe et Xe siècles) les princes du sang de Gascogne. Le comte de Béarn était aussi vicomte de la vicomté de Gascogne (La Chalosse-St-Sever) et en s'intitulant vicomte Gaston de Béarn, vicomte Gentulle, ils portaient non le titre de leur terre, puisque à la même époque sur les monnaies, ils mettaient toujours *sans aucun exemple du contraire*, *comte de Béarn* ; mais le titre des cadets des ducs de Gascogne qui s'intitulaient vicomtes sans même de qualificatifs terriers, tous vicomte Arnaud, vicomte Sanche, etc. Plus tard le titre de vicomté a été appliqué faussement au Béarn dans des actes parce que possédant plusieurs vicomtés comme Montaner, Dax, etc. on mettait vicomte de Béarn, de Montaner, de Dax etc ; cette confusion s'est introduite d'autant plus facilement que personnellement les comtes de Béarn s'intitulaient souvent vicomte Gaston, vicomte Centule pour les motifs ci-dessus. Ce titre de vicomte appliqué au Béarn est un contre sens, car *vicomté* implique forcément par le nom même vassalité, or le Béarn était pays souverain et indépendant de toute souveraineté. Il n'a jamais été trouvé aucune monnaie avec le titre de vicomte, il y a toujours *Centulle coms* pour *comes*, comte, et la formule *Dei gratia* qui implique la souveraineté. Enfin, Oloron, dépendance et partie du Béarn, a été de tout temps comté, il ne peut être admis qu'un comté soit partie et dépendance *d'un vicomté.*

Faget de Baure dans ses *Essais historiques sur le Béarn*, pages 55-56 dit : « La dignité de vicomte était héréditaire; c'était des fiefs et l'hérédité des fiefs était devenue en France une loi générale sous les faibles descendants de Charlemagne. Ces dignités avaient dans le duché de Gascogne un autre caractère encore qui en assurait la transmission héréditaire; c'étaient des apanages assignés aux descendants de la race des rois, aussi avons nous vu jusqu'ici les Centulles et les Gastons succéder au titre de vicomte comme à l'héritage de leur père. »

M. Mazure dans la note de la page 65 sur les Fors de Béarn dit : « Le Béarn était dans la hiérarchie des Etats bien plus qu'un vicomté, plus qu'un duché puisqu'il était indépendant. Son seigneur n'ayant pas de suzerain et ne relevant que de Dieu. »

Marca, page 310, *Histoire du Béarn*, prétend que la monnaie de Morlàas portait d'un côté la tête de Gaston, vicomte de Béarn, avec cette inscription : *Gasto. Vic. et Dom. Bearn. Hon. Furciæ Morl.* et de l'autre une *épée haute couronnée à la pointe* et tenue par *une main qui sépare les deux vaches* des armes de Béarn avec l'inscription : *Gratia Dei sum id quod sum.* Or Marca se trompe absolument (1), il n'existe *aucune monnaie de Béarn* avec le titre de vicomte ni dans les collections de l'Etat, ni dans celles des particuliers. Marca commet une erreur plus grave quand il dit que la monnaie de Morlàas portait d'un côté *la tête de Gaston* puisque les monnaies à effigie n'existaient pas à l'époque de Gaston. La monnaie de Morlàas est du type Carolingien, elle porte les *armes* et *des croix*, *croisettes*, *croisillons* cantonnées soit des vaches, soit d'épées, soit de lettres (2). Toutes portent : *Centul. Comes.* Ce type carlovingien a été continué longtemps et la monnaie ne changeait pas à chaque changement de règne ; plus tard on trouve des monnaies avec un cavalier, avec St-Jean-Baptiste et alors apparaît le titre de *Dominus* ou prince souverain ; en réalité jamais aucun autre titre que *comes* ou *dominus* ne figure sur les monnaies ainsi que nous l'avons déjà dit plus haut.

Pau, Octobre 1885.

(1) Il ne faut pas croire Marca sur parole quand il parle du Béarn; car Marca fut un courtisan qui cite souvent les droits de la couronne de France sur le Béarn pour flatter les tendances absolutistes de l'époque. L'indépendance du Béarn a été prouvée en 1508 contradictoirement avec la France et Louis XII la reconnut comme étant séculaire.

(2) Voir Monnaies seigneuriales françaises par M. F. Poey-D'Avant, pages 192, 193, 194, 195 et 457-458. Edition 1853. Paris. Rollin à la revue numismatique, rue Vivienne 12.

Table des noms cités dans l'ouvrage

FIN

Publié pour la première fois en septembre 1886
par Léon RIBAUT, *libraire-éditeur, rue St-Louis, Pau.*

—

Tiré à 100 Exemplaires.

PAU, IMPRIMERIE VIGNANCOUR — F. LALHEUGUE, IMPRIMEUR.

www.ingramcontent.com/pod-product-compliance
Lightning Source LLC
LaVergne TN
LVHW010614110826
845149LV00003B/902

* 9 7 8 2 0 1 9 1 7 0 8 7 5 *